湛庐CHEERS

与最聪明的人共同进化

HERE COMES EVERYBODY

CHEERS
湛庐

影响力·情境篇

SITUATIONS MATTER

[美] 萨姆·萨默斯 著
Sam Sommers
王非 译

中国财经出版传媒集团
中国财政经济出版社
北京

测一测

情境如何影响人们的决策和行动?

扫码加入书架
领取阅读激励

- 当收到别人群发的求助短信时，为何大多数人选择删掉？（单选）

  A. 人性本就冷漠

  B. 群发的形式令人讨厌

  C. 身处群体中容易让人不作为

  D. 人们对无法分辨真伪的事不感兴趣

扫码获取
全部测试题及答案，
掌握影响力的秘籍

- 假如你新开了一家餐馆，以下哪种方法能帮你更有效地招揽客人？（单选）

  A. 用心设计门口的开业海报

  B. 雇一些人在餐馆外排长队

  C. 保证 24 小时的营业时间

  D. 让所有员工在线上为餐馆刷好评

- 男女在什么方面会表现出稳定的性别差异？（单选）

  A. 数学能力

  B. 空间能力

  C. 攻击性

  D. 以上都没有

扫描左侧二维码查看本书更多测试题

萨姆·萨默斯
SAM SOMMERS
情境影响力的权威研究者
屡获殊荣的心理学明星教授

萨姆·萨默斯是塔夫茨大学社会心理学领域的明星教授，杰出的社会心理学专家。在过去十余年中，他发表了多篇关于种族和社会认知、判断和决策、多样性和群体影响的文章。他的研究成果被《早安美国》、美国国家公共电台、《哈泼斯杂志》、《华盛顿邮报》和《洛杉矶时报》等知名媒体广泛报道。

2008 年，萨默斯获得美国心理学–法律学会颁发的萨利姆·沙阿早期职业卓越奖。2009 年，他获得塔夫茨大学颁发的杰拉尔德·R. 吉尔（Gerald R. Gill）年度教授奖。萨默斯自 2011 年起担任美国社会问题心理学研究学会会员。

在塔夫茨大学，萨默斯教授心理学导论、社会心理学、实验心理学等课程，他以引人入胜的讲课风格而闻名，是第一位获得塔夫茨大学勒曼–诺伊鲍尔（Lerman-Neubauer）杰出教学奖的初级教员，该奖项每年颁发给那些被应届毕业生评为“在课堂内外对他们的智力产生了最深远影响”的教授。

广受认可的情境研究专家

萨默斯的研究覆盖了广泛的领域，包括人们在不同环境中的思维、交流和行为方式，以及法律体系中涉及的心理学因素。他对种族、性别和多样性问题的研究尤为深入，不仅在学术界引起了广泛关注，也在实践中发挥了重要作用。

萨默斯曾主持研讨会，向非心理学家介绍相关研究，并帮助律师更好地理解和处理那些在现代社会中不易察觉但仍然存在的歧视问题。

他在多起案件中获得了美国刑事司法系统授予的专家资格，研究领域包括影响目击者记忆的因素、跨种族目击者识别、照片阵列和列队管理、嫌疑人种族与死刑审判结果、陪审团的种族构成与审判结果之间的关系等。

同时，他是马萨诸塞州公共法律顾问服务委员会认可的供应商。

SAM SOMMERS

20 年研究集大成之作

萨默斯著有两本大众读物和两本学术教科书。在《影响力·情境篇》中，萨默斯分享了他 20 多年来的研究成果。他在书中指出：我们周围的世界正在操纵着我们，影响着我们的私人想法和内心深处的本能，而我们甚至没有意识到这一点。

我们忽视了情境对我们生活的巨大影响，未能意识到生活的基本细节——我们在哪里、和谁在一起，甚至我们是否匆忙，都会影响我们的思维和行为。萨姆认为，了解情境的强大影响力会迫使我们重新思考该如何看待自己，让我们在工作、家庭和日常生活中更有效率。他描述了我们应该避免的陷阱，并就如何做出更好的决定和更聪明地观察周围的世界提出了令人信服的建议。

《华盛顿邮报》评价这本书“发人深省且有趣”；《怪诞行为学》作者丹·艾瑞里说，“在整个宇宙中，我们理解最少的力量，大概就是驱动了我们的思想和行为的社会力量。萨姆·萨默斯善于鉴别这些影响因素，在本书中，他带领我们走过了一段有趣而又扣人心弦的旅程。”

此外，在另一本《这是你的体育大脑》（*This is your brain on sports*）一书中，萨默斯探讨了心理学和神经科学原理如何解释体育运动中的许多现象；同时，他还是卡萝尔·韦德等人的《心理学的邀请函》和埃略特·阿伦森的代表作《社会心理学》两本书的合著者，这两本书都是学科的经典学术作品。

SAM
SOMME

献给我的同仁，从奥尔波特（Allport）到津巴多（Zimbardo），
他们的著作如此引人入胜，其中的故事自己就能说话。

——

献给索尔（Saul）和史蒂夫（Steve），
他们富于热情又通俗易懂地为我介绍故事。

——

最重要的，
献给永远那么可爱的萨默斯家族的女士们，
她们随时都能用令人愉悦的方式，
帮助我转移注意力。

一场跨越一万公里的文化旅行

读者朋友们，大家好。

我写这本书的目的，是与读者分享我 20 多年来在大学课堂上讲授的内容。人性比我们想象的要复杂，人不仅有可预测的个性，而且我们所处的环境塑造了我们，反映并改变了我们。我们都有潜力更好地相互理解，更有效地驾驭我们周围的世界。

我的目标是写一本能让读者了解自己和彼此的书。秉承罗伯特·西奥迪尼（Robert Cialdini）的《影响力》等经典著作的传统，我想把心理学从大学课堂带到个人读者身边，促使他们以新的方式思考自己的世界，并为他们提供一个科学的视角来审视自己的生活。如果我能让他们脸上露出笑容，甚至在阅读过程中引起一两声笑声，那就更好了。

自这本书首次出版以来，我们周围的世界已经发生了许多变化。一方面，从疫情的爆发到地缘政治的动荡，我们发现自己面临着前所未有的新情况。但另一方面，就书中探讨的基本心理过程而言，很多东西都没有改变——人性仍然在很大程度上取决于环境，而人类还在继续忽视这一事实。

《影响力·情境篇》是我写的第一本书，每当它以一种新的语言出版，呈现到一个新的国家的读者面前时，我都会有一些特别的感觉。我记得，当我得知这本书将在中国出版时，我非常激动，因为中国拥有如此多样而迷人的文化传统，人们对个体生活的相互联系，以及人与情境之间的相互联系也有着深刻理解。

我很好奇，这本书翻译给中国读者会有怎样的反响。我指的并不是字面意思的翻译——我非常确信，本书优秀的译者会出色地将我的思考翻译成中国读者能够理解的文字。但我确实想知道，我在书中分享的例子、参考和经验教训能否引起中国读者的共鸣。我毫不怀疑，情境在中国和美国一样重要，并且塑造着人们的日常生活。但我能向中国读者有力地说明这一点吗？我真的适合为中国读者写书吗？

我想，这本书即将推出新版本这一事实一定意味着，有一些懂行的人认为，这些问题的答案是肯定的。呼！不过，当我在马萨诸塞州波士顿郊外的客厅里写下这篇序言时，我承认，我仍然很想知道，远在一万多公里之外的你们读到这本书时会怎么想。也许你们会写信或发电子邮件告诉我。也许你们会和我分享书中哪些地方是你们熟悉的，哪些地方不熟悉，或者有哪些你们日常遇到的情境还没有被写进书中。

希望你享受阅读这本书。我希望你会发现，阅读这本书就像旁听一堂寓教于乐的大学讲座，并能在书中找到共鸣。我感到荣幸的是，许多辛勤工作的人花费时间和精力，将我在半个地球之外打出的这些英文单词安全地送到你们的眼前和脑海中。这样的跨文化旅行竟然是可能的，这让我觉得人类的聪明才智几乎是一个奇迹。让我们为这一特定的情境以及生活中所有其他重要的情境干杯。

萨姆·萨默斯

2024 年 12 月

SITUATIONS MATTER

目录

UNDERSTANDING HOW CONTEXT TRANSFORMS YOUR WORK

SITUATIONS
MATTER

导 言

理解情境，理解人性

想象一下，你和你的爱人正急匆匆地穿越纽瓦克机场，赶往一场重要的婚礼。不幸的是，第一班飞机的延误让你们错过了紧接着的航班，而机场工作人员冷漠的通知更是雪上加霜——没有住宿券，你们只能在机场度过这个夜晚。

人们排着长队去与柜台前的工作人员争论，现在轮到你了，你深吸一口气，准备用你的言辞去打动那位看似铁面无私的工作人员。但什么样的话语才能打破僵局，助你赢得这场智慧的较量呢?

妈妈曾经说过，人这一辈子难免会遇到这样的情形。但她没有告诉我，这样的情形会发生在纽瓦克机场。

那个时候，我和妻子正从密歇根州赶往马萨诸塞州去参加一场婚礼。当时我们还在念研究生，时间虽然充裕，囊中却很羞涩。换句话说，我们是完美的小白鼠，可以任凭旅行网站安排我们的航程，以此来换取价格低廉的机票。于是，我在网站上输入了旅行日期，同意了用户服务条款，然后听天由命，尽量保持乐观。

结果，我们来到了纽瓦克。

公平地讲，我对这座城市本身没什么意见，我只是在转机的时候路过这里几次。而且我觉得，我多次遭遇的超长航线，更长的延误，还有莫名其妙的航班取消，更多是由于我选择的航空公司，而并非这座机场本身。但是，每当“纽瓦克”这个词出现在旅程表上时，我都难免会想，命运是不是又用某种新奇的方式，为我布下了恶毒的陷阱。

上一次来这里的时候，我遇到的倒霉事是，航班在临起飞前取消，接下来又因为设备问题延误了两次。最后，我在拥挤的登机口待了好几个小时，夹在一群哈西德派犹太人中间，他们大部分时间都在祈祷。对我来说，唯一的一丝宽慰是，上帝大概可以保佑我们的飞机不出事故，即使我自己去教堂的次数寥寥无几。

但这是上一次的情况。这一次的问题是，网站给我们安排的日程表里，在纽瓦克转机的时间只有 40 分钟。在飞机飞过来的时候，强风已经让我们的航班延误了一小会儿，这样留给我们转机的时间就更少了。而且，就像预料的那样，我们要换的飞机在另外一个航站楼，我们必须坐几趟单轨电车，穿过一片片美食广场，还要走上一大段路才能到达。当我意识到转机的成败可能取决于几秒钟的时间时，我决定丢下妻子，直奔登机口，下定决心一定要拖住飞机，等我们到达后再关闭舱门。

众所周知，如果舱门关闭，就再没有挽回的可能了。这件事没有商量的余地，无法逆转。重新打开那扇门，就仿佛打开当代的潘多拉魔盒一样，是不可想象的。这样做会破坏维系社会的纽带，更不要说还会打破人们对时空的基本认知。很明确，在任何情况下你都不能重新打开那扇门，即使飞机依然停在外面，离公布的起飞时间还有 8 分钟，而下一架从纽瓦克到波士顿的飞机要等到第二天早晨，恰巧是在你要参加婚礼的那个时间。

眼睁睁地看着我们的飞机就停在外面，却被告知登机时间已过，这真是令人沮丧。刚才的冲刺令我大汗淋漓，我等妻子赶上来，一起来到航空公司的客服柜台前，旁边是其他愤愤不平的旅客，他们也“惊喜”地发现自己不得不在新泽西州过夜了。疲惫甚至让我们不想发火，只想知道航空公司准备把我们安排到哪家旅馆过夜。

结果我们收到了另一个“惊喜”：客服这边的情况也不怎么样。柜台前的第一位乘客体格健硕，太阳镜架在大光头的后面。随着谈话变得愈发激烈，“太阳镜”开始盯着我们，有节奏地一上一下颤动。当他听说来时的飞机延误是由于天气原因，所以不会安排旅馆时，他简直要疯掉了，太阳镜也开始跳起了迪斯科。他怒气冲冲地离开柜台，骂骂咧咧地直奔酒吧而去。

接下来是一位衣着光鲜的女士，对于机场这个地方来说，她化的妆似乎浓了一些。她眼里含着泪水，用颤抖的声音讲述了自己的不幸遭遇。她需要赶到波士顿，探望即将做手术的姐姐，但计划全泡汤了，于是要求航空公司安排旅馆并全额退款。没用的。客服人员胸口的名牌上写着“玛尔塔”（Marta），即使眼前的这位乘客从默默抽泣变成了狂怒，她也不为所动。一阵歇斯底里发作之后，这位计划泡汤的女士终于走到旁边，开始愤怒地敲打手机上的拨号键。

现在轮到我了。很显然，我需要换一种策略。大喊大叫对玛尔塔不起作用，哭泣也一样。我的妻子非常气馁，已经离开了队伍，坐到了旁边的长凳上，并从行李中拿出一本杂志打发时间。

忽然，我灵光乍现。

就在这一刻，我忽然意识到，自己独特的训练背景可以让我找到办法，在这次交流中取得成功。这正是我在博士期间一直研究的东西，即情境的影响力。当然，我研究的不是眼前这个包括愤怒的乘客和不为所动的工作人员的具体情境。当时及现在，我的研究主题都是：人们在截然不同的情境中，思想和行为会有怎样的变化，以及人们在法庭这样的法律环境中是如何决策的。但是，一个基本原则对于眼下这个情境也同样适用：

要理解人性，你必须承认情境的力量。

我假想自己从柜台前退了一步，尽我所能地客观评估当前的情境。我确信，刚才那位太阳镜大汉和浓妆艳抹的女士都没能做到这一点。他们只是简单地将玛尔塔视为一个敌人，视为那家毁掉我们旅程的航空公司的血肉化身。毫无疑问航空公司确实欺骗了我们。他们知道我们这十几个人还在机场，正在奋力从另一个航站楼赶过来。他们知道这是今天最后一班航班。但是，他们仍然在预定的起飞时间之前 10 分钟，就关闭了登机舱门，而且居然还敢让我们自己找地方过夜。

因此，我可以理解其他乘客的愤怒，可以明白为何他们认为玛尔塔确实应该承受我们的怒火。要不然当时还能找谁发泄呢？

然而我也知道，这个情境里还有其他一些东西。而且，这种典型的义愤填膺似乎并不奏效。这个情境要求的不只是本能的情绪反应，这是一个有待解决的社会难题。

若用更宽广的视角看待这个情境，玛尔塔看上去并不是一个冷漠的机器人。她年近三十，戴着结婚戒指，还有一个心形的盒式项链坠，至少在某个地方，有某个人觉得她是可爱的。她看上去有些憔悴，也许，她已经为了不是自己做出的关门决定，以及不是自己制定的政策而承受了一整天的指责。随着时间渐晚，旅客们越来越烦躁，这份工作也越来越难做了。她是航空公司的替罪羊，被安排站在这里承受我们的辱骂，这样公司的其他部门就不必如此。于是，她警戒地看着队伍里的下一个人，也就是我，并准备承受言语上和情绪上的狂风暴雨。

我意识到要扭转局面，需要突出我和前面那两位乘客之间态度的区别。一开始，我首先承认，我们两个人确实都身处同一个令人不快的情境当中。“嗨，你好吗？”我用我能发出的最友善的声音问道，“你看，我知道这不是你的过错，你和我们一样，也在度过一个难熬的夜晚。”

玛尔塔眨了眨眼，无动于衷。她什么也没有说。

“但是，也请你从我的角度考虑一下，”我继续道，“在航空公司给我们安排的日程表里，转机的时间非常紧张。他们知道我们的第一架飞机晚了几分钟，也知道这是今晚最后一架离开的飞机，但是他们仍然决定不让飞机等一等。很好。我能理解。”

玛尔塔的眼睛睁大了一点点。看起来，谈话的走向让她感到迷惑。

“真的，”我冷静地说，“飞机每在登机口停留一分钟，就要花掉很多钱，所以起飞要比等待一群乘客更便宜。我们被抛下是因为财务方面的考虑，我可以接受这一点。但现在，航空公司应该安置一下我们这些被抛弃的人，对不对？我并不是想要退款，只想要一间旅馆的房间。这是航空公司应该做的事情，而且他们仍然可以获益。”

“萨默斯先生，”玛尔塔好像收到了信号一样，立刻插嘴道，“问题是，我们没法提供旅馆房间，因为你们第一班飞机的延误，是由于天气。”

“我明白这个政策，”我用尽可能理性的声音说，“而且，我觉得在大多数情况下，它都很合理。但是今晚的情况有一点特别，不是吗？我们的第一班飞机只晚了几分钟。我们在预定的起飞时间之前就到达了登机口。航空公司看上去没有想要等我们，这真的和天气没什么关系。”

玛尔塔有点儿动摇了，但她仍然没有屈服，还是在念她的台词：“对不起，先生，这是我们的政策。我的权力有限。”

我有条不紊地继续试探。“好吧，你肯定能做一些事情。你肯定有一些权限。我不相信你会让我后面那个老太太在机场待上一整夜。”我争辩道，顺便忽略了一个事实，即我对老年人的关心，并没有让我把自己在队伍里的位置让给那位老太太，我没有让她排在我前面。

“是的，当然，在特殊情况下会有特例。如果您坐在轮椅里，或是生病了，我可以给您一张住宿券”。她承认说，“但是您看起来并没有生病，萨默斯先生。”说完，她脸上挂着那种一个人知道自己即将赢得争论时便会露出的微笑。

我也冲她微笑。我没有生病。但是现在，我对这个情境确实有了更好的把握。玛尔塔并不是铁石心肠，甚至也不是不可理喻的。实际上，我甚至有点喜欢她了。如果在一个不同的情境下，如在公交车上坐在她旁边，或是在食品杂货店里碰到她，我都会觉得她讨人喜欢，或者至少是无害的。但是在今天晚上，她是一位员工，脚踩着公司的底线。她只是在照章办事。我们礼貌的交谈持续了足够长的时间，足以暴露出章程中的一个漏洞。

“不，我确实没有生病，”我深吸一口气，上前一步，“但是，我的妻子……”我指向长凳，她带着我们的行李坐在那里。“她已经……怀孕两个月了。”我结结巴巴地说，声音近乎于窃窃私语。

玛尔塔眨了两下眼睛，努力理解这个新的进展。

“我也许不应该告诉你这个。”我继续说，大概是出于一种希望打破沉默的本能努力。

“我们甚至连家人还没告诉。”我漫不经心地说。

“实际上你是第一个知道的人，”我开始加码，“当然，除了我们的产科医生。哦，还有药店的那个家伙。我们从他那里买了受孕试纸，我很确信他对此有所怀疑。”

玛尔塔开始敲打键盘，我把这作为一个信号，因而闭上了嘴。这样做也很好，因为如果我继续说下去，我可能会答应用她的名字给我们尚未出生的孩子命名。过了一小会儿，她默默地拿出了一张绿色的旅馆住宿券。接下来，作为额外附赠，她加上了明天的早餐券。

我妻子迎接我时反应很复杂。一方面她为旅馆房间而兴奋不已，另一方面她也提醒我说，由于我破坏了我们之间的迷信约定，在妊娠早期就公开谈论了这件事，所以她将来肯定会遇到妊娠并发症了。

“你觉得女孩起名叫玛尔塔怎么样？”我问她。

我以研究情境为生。教授人们情境的力量，并在研究中检验它们，这是世界上最棒的工作。在本书中我会详细阐述，我们所处的世界一直在操纵着我们，影响我们的思维方式，并指导我们的行为。而我们很少能注意到这一点。

我希望，本书会帮助你注意到这一点。**本书的目的是让你认识到，不同情境对于你的日常偏好和体验有着怎样的影响。**各种各样的常规情境，如你身处何处，你和谁在一起，你在周围看到了什么，这些都会改变你的行为，改变你看上去是什么样的人。掌握了这种观念，我们可以对我们自己，以及生命中的其他人有更深刻的理解。

情境的科学教给了我们哪些东西？我们关于人性的许多直觉判断都是错误的。尽管我们在年轻的时候相信，自己已经掌握了人们行事背后的原因，但这些假设中有许多是错误的：一个人的性格，包括你我在内，并非像我们认为的那样稳定。我们受到环境影响的程度比我们愿意相信的更大。即使是我们私下里对自己身份认同的感觉，也是高度依赖于情境的。

本书将带你走上一条人类经验之路，这条路很少有人走过，时常带来惊喜，有时也会令人不安；这会帮助你重新注意到那些对我们思维和行动有超乎寻常影响的常规情境。研究表明，即使是我们生活中最隐私的方面，也会受到情境的影响，这个结论为接受它的人带来了启示和竞争优势。

现在，我不会承诺这本书会让你变成一个更好的人。不管怎样，在开篇的故事里我违背了婚姻中的协议，而且无耻地利用了怀孕这件事，这些都只是为了在新泽西州的旅馆里免费过上一夜。因此本书不是一本心理自助书。

但是我承诺，**本书会改变你思考人性的方式，从而让你变成一个更有效能的人。**它可以增强你预测周围的人在各种情境下会如何反应的能力；可以教会你置身事外思考问题，更冷静地评估你所处的环境和遇到的社会困境；可以让你深刻地认识到，怎样能通过操纵情境因素影响他人，同时也可以让你抵御类似的过度影响。简而言之，不论你想要在诸如销售、政治、诉讼、营销、谈判和教学等职业领域取得最大的成功，还是只是想一般性地改进“交际能力”，你都必须开始学习情境的科学。

必须承认的是，我在纽瓦克的表现本身并没有什么科学的地方。我没有从哪个具体研究中获得启发，从而找到办法表明我们应当得到旅馆住宿券。相反，我只是遵从了一个更加一般的原则：**如果我们客观地看待情境，摆脱那些干扰我们判断的情绪和偏见，那么就能抓住关键线索，更好地理解他人，并得到我们期望的结果。**

不过，对于探索社会宇宙，情境科学也提供了更具体的指导。接下来的章节以实证研究和日常观察为基础，从科学理论和《宋飞正传》（*Seinfeld*）中汲取智慧，来探索人性在不同维度上的表现。这就是情境研究既有用又有趣的原因所在：它需要同时关注科学方法和凡俗琐事；它既可以满足行为科学家，也可以满足电视剧迷。

因为，不管怎样，所有类型的情境，无论是那些平淡无奇的，还是那些意义深远的，都非常重要。请思考一下，我与玛尔塔的交流所依赖的那些原则，它们在那些可能产生更重大后果的情境中也同样适用。如化名为马修·亚历山大（Matthew Alexander）的情报官员在近期的一本书中提到，在伊拉克战争的头几年，美国审讯人员在审问被逮捕的恐怖分子嫌疑人时，并没有成功获得多少有用的信息。据亚历山大说，原因在于大多数审讯人员会默认嫌疑人为不可救药的坏人，认为他们只会屈服于命令、威胁和恐惧，这很像许多客户在和客服代表打交道时所采取的那种无用的策略。如果你难以信服这个比喻，嗯，那很显然你没有见过我的祖父母所在的退休社区中的居民，没见过他们在晚餐时是如何与服务员打交道的。

亚历山大说，直到审讯人员转变了策略，抛弃了残酷的手段，转向文化尊重和建立亲密感时，情况出现了转折。并不是说他们开始带嫌疑人去吃比萨和冰激凌，也不是在新的作战计划中扭曲现实、捏造希望或用什么老式的善意谎言之类的手段。据亚历山大回忆，要点在于关键词从“野蛮”转向了“智慧”。

嫌疑人是一个有年幼孩子的父亲？那么设想你自己也是一个父亲，通过亲子故事更好地与之建立联系。审讯者的目标变成了尽可能多地了解嫌疑人，从紧张的互动情境中找到尽可能多的细节，然后用好这些细节。

从机场到伊拉克首都巴格达西边的阿布格莱布监狱，从日常的闲谈到生死的抉择，情境都很重要。

到本书结束时，我希望你会认同这个结论，并认识到情境塑造人类行为和日常经验的多种途径，甚至包括你自己的。这些是在短期和长期对个人和职业都有可能带来好处的人生教益。因为，即使没有讨要旅馆的房间，没有审问恐怖分子嫌疑人，我们中有哪个人不是花费了比我们愿意承认的更长的时间，试图猜测与我们一同生活和工作的人的行为呢？有哪个人不在努力寻找策略，制造更好的第一印象？有哪个人不想弄清楚，那个女销售员究竟是真的认为我有吸引力，还是会跟每个试穿衬衫的人都说他看起来不错？

对于这类与我们所处的社会息息相关的问题，无论它们是平凡还是崇高，当我们考虑了情境的力量时，都能找到更好的答案。因此，请将本书视为一本入门书，它介绍了人们行为背后的原因；请将它视为一本指南，它将带你走上一条新的道路，让你更深刻地理解人性的本质。

顺便说一句，那个女销售员是拿提成的，她对每个顾客都那样讲。☺

UNDERSTANDING HOW CONTEXT TRANSFORMS YOUR WORLD

SITUATIONS MATTER

01

发现情境，抢占先机

1988 年，一对富有的夫妇被他们的儿子发现倒在血泊中，并最终身亡。警方很快将他们 17 岁的儿子马蒂·坦克立夫（Marty Tankleff）锁定为主要的嫌疑人，将他逮捕并立刻开始审讯。马蒂承认了他的罪行，并被判处不少于 50 年的刑期。

在马蒂于 2007 年获释之前，他已经在监狱里待了 17 年：他并没有杀害自己的父母。回头看看，指控马蒂的证据并不令人信服，但无辜的他却为何会认罪？

SITUATIONS MATTER

斯芬克斯之谜。

魔方。

费马大定理。

全美运动汽车竞赛（NASCAR）流行的原因。

请允许我将另外一个谜题加入到这些难题的行列当中，即电视游戏节目主持人之谜。

如果你愿意，请想象以下场景。你正在物色一位辅导教师。也许是你14岁的孩子需要补习欧洲古代史，也许是你自己在这方面需要帮助，不管怎样，学期已经开始很久，在可预见的未来中，所有有经验的辅导教师都已经被预约了。但是，拜经济衰退所赐，你成功地找到了几位意想不到的申请者，他们有意应聘这个位置。最终的三位候选人没有什么教学经验，但是他们的名字你很熟悉：帕特·萨亚克（Pat Sajak）、瑞安·西克雷斯特（Ryan Seacrest）、亚历克斯·特里贝克（Alex Trebek）。

请记住，这是一个至关重要的选择。一位你所爱之人的成绩将取决于此。因此，请仔细考虑。

我是认真的。在考虑的时候，请尽你所能，在头脑中想象一下这几个人的样子：他们分别是《命运之轮》（*Wheel of Fortune*）、《美国偶像》（*American Idol*）和《危险边缘》（*Jeopardy!*）的节目主持人。

怎么样？拿定主意了吗？就像节目主持人经常问的，这是不是你的最终答案？好的，请接着往下读。

当然，大多数人会选择特里贝克。萨亚克位居第二。为什么？因为在这些人主持的节目当中，《危险边缘》是最具智力挑战性的。因此，我们假设，特里贝克肯定是一个聪明的家伙，所以他才能主持好这个节目，不管怎样，他总是知道答案。"欧洲历史"是他节目里的一个问题分类，而我不记得《美国偶像》的评委西蒙·考埃尔（Simon Cowell）和兰迪·杰克逊（Randy Jackson）或者珍妮弗·洛佩斯（Jennifer Lopez）和史蒂芬·泰勒（Steven Tyler）在节目中讨论过英法百年战争。也许特里贝克能潜移默化地学到一些相关知识？至少，你可以确信他知道如何正确地念出"Charlemagne"① 这个词。

但这个选择真的明智吗？也许特里贝克其实不是最佳的人选。如果我告诉你，西克雷斯特在耶鲁大学读的是历史学专业，或者我告诉你，萨亚克在投身电视行业之前，曾经获得过欧洲文学的博士学位，你是否会感到惊讶？

好吧，他们自己听到这些也会感到惊讶，因为这都是我编的。

不过，真相是，你我都不知道这些人究竟有多聪明。一方面我们知道，他们每个人都很聪明，很博学，可以成为合格的辅导教师，但是另一方面，

① 即查理曼大帝，中世纪法兰克王国加洛林王朝国王，统一了过去罗马帝国在欧洲的大片区域，公元 800 年被教皇加冕为皇帝。——译者注

他们只不过是被美化的代言人，能很好地念出提词卡片上的内容，擅长和陌生人闲谈。对于这三个人，尽管我们只能从经过美化和编辑的电视节目中获得关于他们的信息，我们仍然觉得自己知道他们是什么样的人。

这就是问题所在。从逻辑上讲，如果要从这些电视游戏节目主持人中选出最聪明的一个，我们应该放弃努力，承认自己的无知。但是大多数人却选择了特里贝克。理性地分析，这个结论并没有什么根据，就像我不会相信《实习医生格蕾》中的帕特里克·邓普西（Patrick Dempsey）或者其他电视上的医生真能为治疗我奶奶的高血压提供什么有用的建议一样。但是，我的邻居可不会同意这些，他的汽车上还贴着褪色的“马丁·希恩（Martin Sheen）是我的总统”的贴纸，而希恩在《白宫风云》中饰演了总统。如你所见，所谓“电视游戏节目主持人之谜”，并不是你会选择这三个人中的哪一个作为辅导教师，而是为什么我们中的大多数人都会立刻选择同一个人。

这种现象并不只发生在特里贝克身上。即使没有精心挑选的措辞，没有一位和特里贝克同样来自加拿大的温和憨厚的人，不管他是否像特里贝克那样有大胡子，我们依然倾向于认为电视游戏节目主持人是睿智的。请考虑一下斯坦福大学的学生结对参加的一个研究。每对学生中有一个人被随机选中，扮演问答节目主持人，或者叫“提问者”。另一个人则成为“参赛者”。提问者有几分钟的时间列出 10 道有挑战性的问题，这些问题可以是关于任何主题的，唯一的要求是，他们必须知道每道题的正确答案。列完问题之后，提问者开始向参赛者提问，后者的任务自然是正确地回答这些问题。

斯坦福大学的学生是非常优秀的，他们真的非常聪明。但是平均来讲，参赛者只答对了 4 道问题。不管怎样，即使是最有学问的学者，如果问他们另一个聪明人知晓的知识，也会很有挑战性。

只要想一想你的朋友们，想想他们各自不同的兴趣、经历和专长，你就明白了。你可能是一位美食家，但熟知某个网络体育游戏，你的伙伴则是一位昆虫学家，但能背出每一集《星际迷航》（*Star Trek*）的台词；你们要想用一些细节知识难倒对方，这并不是一件很困难的事。想在一起喝酒的时候找一些共同话题？这看起来更有挑战性；不过，嘿，他是你的朋友，不是我的。

想象一下，对于没打过交道的陌生人来说，这种专业知识的差异会有多大。在问答节目任务中，除非参赛者有幸被分配到一位搭档，这位搭档的兴趣领域与她自己的完全对应，否则她很快就会被考住。例如，我在课堂上演示这个研究时，曾有一位学生表现出了相对全面的专业知识，回答出了以下全部问题：

1. Name all 5 members of NSYNC.

1. 列出超级男孩组合全部 5 位成员的名字。

2. Who was the only President to serve on the Supreme Court ?

2. 谁是唯一一位曾在最高法院任职的总统？

3. Name all 5 members of the Backstreet Boys.

3. 列出后街男孩全部 5 位成员的名字。

也许你同时精通司法政治史和流行音乐男子团体方面的知识。不过对大多数人来说，这种组合问题都会带来很大挑战。

当知道所有这些时，既知道参赛者的任务很难，知道提问者是凭空想出的主题，也知道角色是随机分配的之后，你将如何评定参加研究的被试呢？

为了考察这个问题，研究者要求中立的观察者，即问答节目的“现场观众”，用 1 ～ 100 分的量表，评定提问者和参赛者的一般知识水平。

平均来讲，提问者的得分有 82 分，而参赛者只有 49 分。

换句话说，虽然知道参赛者在这个情境中处于明显的劣势，旁观者在观察被试玩游戏的过程中，仍然做出了内部的推论。他们推测，提问者肯定是知识更渊博的那个人。他们期望提问者在真实的游戏节目中也会表现很好，并认为他们是辅导教师的合适人选。对于参赛者，他们则判定，其中有很大一部分人要更蠢一些。

生活可不是情景喜剧

对于我们所在的社会宇宙，我们看待它以及与它互动的方式，在很大程度上会受到当下所处环境的影响。

日常情境中那些看上去无足轻重的事，会决定我们是独善其身还是好管闲事，是追随群体还是特立独行，以及为何我们喜欢一些人，却讨厌另一些人。

SITUATIONS MATTER

不过，正如游戏节目这个例子所展示的，我们很少会意识到情境的强劲力量。

我们对情境视而不见，就像博物馆的游客很少注意到画框一样，我们也没能注意到，外界因素会怎样影响我们内心的想法和天性。但是画框确实很重要。尽管博物馆的馆藏目录并没有突出它们，但是它们却可以吸引注意力，突出画作的内容。你可能没有意识到它们，但是如果没有它们，你在博物馆的感受会完全不同。

社会环境对人们的行为也有类似的影响。如果忽视它，我们就会坚持“所见即所得”（what you see is what you get）的信念，过度简化地理解人性。

SITUATIONS MATTER

计算机程序员也采用了“所见即所得”这个术语，用来指代一种用户界面，允许用户在文档创建之后，就看到最终成品的样子。在日常生活中，虽然我们本应做得更好，但我们却接受了“所见即所得”的观念，我们假设，在某个特定的时间和地点观察到的某人的行为，可以准确地反映这个人内在的“真实品性”。

服务生弄错了我们的订单？我们认为他无能。同事不回邮件？她很无能。演员表演了精彩的个人独白？他口才很好。“所见即所得”让我们相信，这些行为来自稳定一致的内在性格，我们期望这种性格在任何时间、任何地点都会表现出来。因此，即使在你来吃午饭前，那个服务生也会是一个白痴；即使在下班后，那个同事也是个笨蛋；那位演员同样能给出完美的毕业致辞；而亚历克斯·特里贝克如果不拍节目，也可以帮助你通过历史考试。

从本质上讲，我们习惯于用看情景喜剧的方式看待彼此，期望能遇到熟悉的角色，这些角色在每集的表现都差不多。即使是在非同寻常的地点，如葡萄发酵桶的小人国里，或是糟糕的夏威夷度假中，我们依然期望电视角色们表现出熟悉的特质。想想吧，尽管我们管这些电视剧叫“情景喜剧”，但它们却依赖于某些角色稳定的性格，并让我们习惯于此。

想编一部情景喜剧？你可能会在剧里安排一位好管闲事或是性格古怪的邻居。或者，是一位既好管闲事又性格古怪的邻居。也许你会安排一位骄横的岳母大人，或是一个厌世但内心善良的牢骚鬼。只要在 www.smalltime.com/Dictator 这个网站上花上几分钟，就可以证明这种标准电视剧角色的现象确实存在。这个网站利用用户输入的二叉树，实际上就是一系列“是或否”问题，来猜测你心中正在想的情景喜剧角色或领袖人物是谁。网站的口号相当机智：“不管你想的是困在小岛上的吉利根（Gilligan）还是卡斯特罗，我们都能猜到。”

这个程序足足问了 34 个问题，才猜到我想的是波尔布特。而对于喜剧《欢乐酒吧》（*Cheers*）里的邮递员克利夫·卡尔文（Cliff Clavin），它只问了 11 个问题就猜到了。

最近兴起的“真人秀”也一样。这类节目总是有一个喜欢操纵别人的坏蛋、一个喜欢挑逗的阴谋家，还有一个无忧无虑只是来享受时光的家伙。这些“角色”通常来自创造性的剪接，甚至是故意安排的表演，但观众似乎不介意。很显然，这些节目的制作者也意识到了，对于在家中看电视的人来说，明确可辨的人物性格很有吸引力。

但是回到真正的真实世界里，有时生活会让我们摆脱默认的“所见即所得”模式，让我们注意情境的力量。也许在一家夜店里，我们发现那位笨拙的侍者能够熟练地演奏吉他，从而了解到他的无能只存在于特定的情境里。我们发现不回邮件的同事原来正受困于电脑病毒，根本接收不到我们的信息。

我们最喜欢的演员做的毕业演讲呆板而平庸，这让我们意识到，如果要说的话是他自己准备的，没有彩排过，那么他其实也不善言辞。

或者我们可以看一看更加具有颠覆性的、自传体的情景喜剧。如《宋飞正传》里有一集，克雷默窗外巨大的公鸡造型霓虹灯让他睡不着觉，于是经过一系列错综复杂的剧情发展，他与杰里交换了公寓。仅仅在吵闹的、让人分心不已的公寓里住上了一晚，杰里就突然变得疲惫而神经质，在凌晨 3 点念叨奇怪的朋友打来的电话。而一夜好眠的安慰效应让克雷默化身为全知全能但又带点讽刺意味的理性之声，大家都围在他身边，针对自己的神经症，向他咨询意见。这些笑料之所以成功，是因为剧集播放到这个地方时，观众对于每个角色都很熟悉了。我们一下子就能抓住笑点，意识到将克雷默和杰里区别开的，可能仅仅是前者公寓那让人难以入睡的物理空间，以及门厅对面杰里家中相对整齐的环境。

然而，在半个小时剧集的结尾，过去那一套又回来了。在现实生活中同样如此，尽管陌生的情景可以让我们摆脱“所见即所得”，但总体的倾向依然是存在的：我们见到新的人，观察到新的行为，然后本能地对其做出性格和品质的推断。有些患者可能会沮丧地发现，他的医生在专业领域之外，如平行停车方面，会遇到麻烦。曾有一次，一个学生在酒吧遇到我，满脸惊讶地问：“教授在外面遇到课堂上的人，这不会有点奇怪吗？”尽管我自己清楚，我可以在讲堂之外继续存在，但她看上去却真的感到震惊，她发现原来我在一间没有黑板的房间里也可以生存，更别提享受了。

我们很容易被稳定的性格这种观念所吸引。甚至我们的身份、想法、一举一动都受情境影响，但我们仍然对此毫无察觉。

去年夏天，关于我们对情境的忽视达到了什么程度，我获得了第一手以及第二手的体会。就在我刚发现自己是现代医学奇迹后的几天，至少，急诊室那位困惑的医生是这么跟我说的：那个晚上我折了两根手指，一手一个。

我是怎么弄伤自己的？在接下来的几周里，我手上戴着固定夹板，很多人看了都问我这个问题。我的回答取决于当时的心情。有时候，我会充满创意地告诉他们，我是因为从地震废墟中把孤儿拉出来时受伤的。另一些时候，我会说出真相，承认伤害来自一根垒球棒的把手，在一场雨天的慢投垒球比赛中，这根湿滑的球棒从我手里飞了出去。我说不说实话其实都没什么关系：不管我的回答是哪一种，似乎都没有人相信我，包括好几位外科整形医师。

有一处骨折发生在关节部位，这意味着我需要接受手术。在手术当天的早晨，我并不紧张。实际上，我的妻子比我焦虑得多，她既同情我，又因为我受伤的原因感到恼火。如果我真的是因为救孤儿而受伤，那也是可接受的；但实际情况是，我忽略了她富有先见之明的警告，在大雨天玩垒球，这让她难以接受。

在医院里，我被单独留在小房间里，换上裹着塑料布的袍子，据说内行人管它叫“约翰尼”。当我要求确认时，他们告知我，没错，在接受耗时30分钟的右手中指指尖门诊手术之前，我确实要把自己脱个精光。

当时的场景是这样的：我一个人待在候诊室里，候诊室看上去也可以作为淘汰的前苏联电脑设备的贮藏室。在我和整个世界之间，只隔着一件薄如纸的袍子。我没法把这该死的袍子系上，因为我没法使用袍子上的松紧带。护士回到房间问我一些问题，但我基本没听进去，我不得不时刻注意约翰尼后面敞开的衣结，绝望地试图将我们的交流维持在护士与患者，而非艺术家与裸体模特的范畴内。

突然间，“麻醉小组”排着S.W.A.T.特警的队形出现在我面前。我没想到为了减轻我的疼痛，需要出动一个中队的人马。他们简要地说明了我的可选方案：我可以接受局部的手指麻醉，但如果手术需要打入螺丝钉的话，他们不确定局部麻醉是否足够。“等一下，谁告诉过我要打螺丝钉？”我对自己说。我也可以接受整只胳膊的局部麻醉，而这样做最常见的副作用就是永久性的神经损伤。我又想：“啊，我不需要在两只胳膊里都有神经，对不对？”我还可以接受全身麻醉，选择戴或者不戴呼吸管。哦，还有，万一情况迅速恶化，他们需要赶快插入呼吸管。我在想，自己有没有哪颗牙齿需要特别注意？

等到他们开始问我有没有医疗保险代理的时候，我已经完全崩溃了。接下来还有什么？临终关怀宣传手册？“不实施心肺复苏术”的指令？因为我觉得自己说不定会陷入昏迷。

我知道，他们只是在用一种周密而礼貌的方式，来完成自己的本职工作。但是，现在这个情境已经完全吓到我了。我在一个不熟悉的地方向我从没见过的人咨询，针对我知之甚少的医学问题上了一堂速成课。而且我实际上仍然光着身子。到现在，我估计房间里的每个人都意识到了我的不适和焦虑。这些肯定都表现在我脸上了。因此，我确信我的医生或护士会和我谈话，来鼓舞我的士气。

然而他们并没有这么做。

我深吸了几口气，环顾四周，意识到对于医院的工作人员来说，无论是这个情境，还是我的反应，都没有什么特别的地方。两位住院医师站在我的床尾，感叹医院的新规定要求更多的文书工作，就像我和大学的同事一起议论课程注册程序那些令人讨厌的新变化一样。在我的床边，一位护士和她的同事分享了素食辣椒的食谱。在房间的角落里，有人正在谈论一个紧迫的话题，即休假计划。

对于我周围的每一个人来说，这只是一个普通的工作日，我只是一个寻常的患者。在他们眼里，这个情境并没有什么值得注意的地方。一切如常，一个普通的周五早晨。

于是，我做了一个深呼吸，让自己冷静下来，与妻子商量之后，决定接受手指的局部麻醉。

我们之所以经常对情境的力量无所察觉，是因为我们大多数的日常生活都发生在熟悉的环境里，被限制在平凡的刻板生活中。只有不熟悉的事物，才会让你震惊，提醒你自己对日常环境忽视了多少。

SITUATIONS MATTER

只有当你出国旅行之后，你才会注意到，在家乡有一些不成文的规矩指导了社会交往。直到你搬出了从小生活的房子，后来又故地重游，你才会意识到，它有一种独特的气味和声音。诸如此类。

然而，我们默认的倾向仍然是忽视情境。以我亲爱的妻子作为案例。这是一位可爱的女子，一位慈祥的母亲，有两个年幼的女儿。就此而言，在打垒球折断手指事件中，她是一位无可争议的英雄。她临时找了一位保姆带小孩，然后带着盒装的比萨饼，在深夜赶到急诊室，这样我就不用饿肚子或是需要自己打车回家了。在那个夏天剩余的时间里，她不得不放弃了全部的自由时间，承担了全部的家务，从支付账单到打开泡菜坛子，再到淋浴时帮我洗头。

不过，在这位善于照顾人的女性身上，仍然潜伏着我们每个人都有的那种不以为耻的恨意，本书的最后一章将详细讲述这一点，而这种恨意正是源自草率做出性格推论的倾向。有一种人特别容易激发她的怒火，对于这类人她有一种本能的反感，就像猫恨狗那样。你问是哪类人？是城市公交车司机。

她深信，这些司机有攻击性、鲁莽，还有虐待倾向，他们之所以选择这个职业，完全是为了实现他们自己的邪恶计划。由于我们的房子恰好位于城区的中央大道边上，在街上开车时她经常会和公交车司机斗气。开车到附近任何地方，都要和那些 12 米长的怪兽争夺道路空间。

我试图说服她，这些人可能并不像第一眼看上去的那样，但是她不为所动。在波士顿的街道上开公交车需要具备果敢无畏的特点，和平时期的公民很少需要这些。面对着繁忙的交通、狭窄的街道，还有声名狼藉、不耐烦的摩托车手，公交司机为了赶上严格的时刻表，没有什么别的选择，只能盲目地并线，假设其他汽车会像鸽子遇到人那样四散开来。我争辩说，他们真的只是在完成工作，他们只是在对所处的环境做出反应。

她根本不买账。对于她来说，情境完全没有关系。她说，她自己绝不会这样开车。对于我妻子来说，只要这些司机中有任何一个敢厚颜无耻地侵犯她汽车的个人空间，就证明了他们骨子里就是混蛋。因为，和我不一样，她可以自如地伸直自己的中指。

情境操控的典型代表

“所见即所得”的影响不只限于我们如何看电视，或是回应糟糕的驾驶行为。请考虑以下场景。你被要求阅读一篇高中生写的论文。你被告知，他的作业是评价美国在阿富汗的政策，他可以自由选择立场。论文的开头是这样写的：

> 尽管有着重重障碍，但整体来看，在阿富汗的行动还是在朝着正确的方向发展。阿富汗人民现在得以分享权力；对于在前任领导人留下的废墟上建立一个新社会的考验，阿富汗人民也做出了很好的回应，这表明了他们的认可。

暂不考虑这个学生其他方面的情况，你认为他对战争的个人态度是什么？请使用 1 ～ 7 分的量表来衡量，1 代表他非常反对美国介入阿富汗，7 则代表他非常赞成。你会选择哪个数字？ 6 分或者 7 分，对不对？

接下来，让我们走进这个场景背后的真实实验。

SITUATIONS MATTER

情境实验室

在 20 世纪 60 年代，杜克大学的两位研究者，内德·琼斯（Ned Jones）和维克多·哈里斯（Victor Harris）开展了一个类似的研究，使用的论文是关于卡斯特罗执政时期的古巴的。上面这段引文里的第二句，实际上就是他们研究材料的原话。当时，被试对于刚才那个问题回答的平均分数是 6 分，读者们相信，论文作者的个人态度是比较亲战的。

这很合理。这位高中生可以自由选择自己的立场，他的论文表达出的整体观点可以被解读为他个人态度的表现。另一组被试阅读一篇反战的论文之后，也做出了与论文主题类似的判断：他们认为作者的真实态度在 1 分到 2 分之间。

现在请设想一下，我给你看了同样的材料，但背景不同。材料还是摘自一位高中生写的关于美国在阿富汗政策的论文。但是这一次，他被指定采取支持战争的立场。现在，我用同样的1～7分量表，问你同样的问题：读了这段话之后，你认为作者对于阿富汗战争的真实态度是什么？

也许这次你会回答5分？或者4分？因为现在这位高中生被要求必须撰文支持阿富汗战争，所以我们知道，他的论文不那么能反映他的个人感受。在20世纪60年代，那些阅读了亲战论文的人，如果相信作者是被要求支持这种观点的，那么给出的平均分会更中性，约为4.4分。阅读反战论文的被试也表现出了类似的倾向，从自由选择条件下的1.7分，变成了不那么极端的2.3分。

但是，让我们再仔细看看那些数字。

对于被要求亲战的作者，平均分数是4.4分。

对于被要求反战的作者，平均分数则是2.3分。

换句话说，即使被试相信，这些高中生没法选择自己的立场，他们依然会认为，反战论文的作者对于卡斯特罗的同情程度，要高于亲战论文的作者。实际上，2分的差距，在7分量表上是非常大的。被试发现，尽管很明显有情境因素在起作用，他们还是没法抵御住诱惑，去做出关于论文作者内心想法的推论。这就好像观看一场辩论赛，看着双方通过丢硬币决定是支持还是反对堕胎，然而在结束的时候，却相信辩论中的一方确实看重生命，另一方则确实看重选择。

SITUATIONS MATTER

这体现出了"所见即所得"有多强大。即使面对压倒性的反面证据，我们依然使用内部的原因来解释别人的行为。并不是只有研究者才知道这一点。例如，许多商业广告之所以有效，正是因为广告商确信你会忽视明显的情境性解释，你不会认为这家伙之所以称赞他们的剃须刀是因为拿了钱，而是转向一种更加内部的、倾向性的解释，你会认为这家伙真的喜欢他们的剃须刀！

有些时候，广告商会利用"普通人"的证词达到宣传效果。另一些时候，则会出现一个据说是专家的人，告诉你一种洗衣液的清洁效果有多好，或是一种运动饮料有多解渴。就像在最近的夏普公司广告里，一位看起来与众不同的白头发绅士说道：“似乎只有物理学教授才知道如何正确选择一款电视。幸运的是，我就是这样的人。”没错，我们是多么幸运，才能接触到如此重大的科学突破！当然，我还从没见过一位有终身教职的天体物理学家签过产品代言合同。更不要说，我们也不知道他自称拥有的学位，是不是来自美国演员莎莉·史特瑟斯（Sally Struthers）代言过的那所函授学校；这所学校颁发的文凭包括动物饲养和电视与录像机维修。

也许，广告商利用“所见即所得”原理最令人震惊的一个成功套路就是名人代言。他们希望我们可以疏忽大意到认为一个名人在某个领域的专长可以迁移到另一个领域：迈克尔·乔丹是一位伟大的篮球运动员；我假设他在谈论内裤时也知道自己究竟在讲些什么。有谁真的认为，乔丹在确定恒适牌内衣（Hanes）是最好的选择之前，真的仔细做过产品分析？或者饰演过柯克船长的威廉·夏特纳（William Shatner）真的会在网上购买不能退票的经济舱机票？

当然，这种广告策略的价值不止于此。名人代言可以为产品吸引眼球，光是这一点就值得让公司掏钱了。最近的发展趋势似乎是找一个名人做叙述者，我们看不到他的脸，他甚至也从不做出明确的代言。嘿，这个声音听起来很熟悉，是金·哈克曼（Gene Hackman）吗？我喜欢金·哈克曼。我不知道他说的奥本海默基金是什么玩意儿，但我猜我应该也会喜欢它。

前提依然是，广告经理人指望你会忽视情境的力量。他们相信，你不会因为知道代言人拿了钱，就不相信他说的东西。尽管从理性的角度讲，我们应该如此。

这确实是一个极端的类比，不过付费代言就像被指派立场的学生论文一样，并不能告诉我们一个人的真实想法，还不如候审的犯罪嫌疑人被枪指着时的认罪可靠。代言人只是想要挣钱，论文作者只是想要得到好成绩，而犯罪嫌疑人只是想要活下去。

无辜的人为何会认罪

1988 年秋天的一个早上，长岛地区一对富有的夫妇，被他们的儿子发现他们在卧室里相对着倒在血泊中。54 岁的阿琳·坦克立夫（Arlene Tankleff）被重击并刺死。62 岁的西摩·坦克立夫（Seymour Tankleff）努力挣扎求生，但很快陷入昏迷，一个月后也去世了。因为没有强行闯入的迹象，警方很快将他们 17 岁的儿子马蒂·坦克立夫锁定为主要的嫌疑人，将他逮捕并立刻开始审讯。几小时后，当这个年轻人的律师得知了他的客户所在的位置时，便打电话给地方检察官要求终止审讯，但一切都已经晚了：马蒂已经认罪了。

法官认定马蒂两项谋杀罪名成立。除了他自己的供述之外，公诉人还提供了证人，他们作证说马蒂在犯罪现场表现出了令人惊讶的无动于衷，而在几天前，他还被人看到在公共场合和他父亲大声争论。法官判处马蒂不少于 50 年的刑期；在 2007 年获释之前，他已经在监狱里待了 17 年。

为什么马蒂只服了最小刑期的 1/3？因为他并没有杀死自己的父母。他被诱骗认罪，然后花了将近 20 年的时间，试图让纽约州政府知道真相。这个悲剧很大程度上要归咎于“所见即所得”。

回头看看，指控马蒂的证据自始至终都不能令人信服。根据警方的陈述，马蒂承认在早上 5 点半到 6 点之间，使用杠铃和水果刀攻击了自己的父母。但是，法医分析认为阿琳死亡的时间要比这早几个小时，对两样凶器的血检均未呈阳性。阿琳身体上的防御性伤口表明，她曾与袭击者扭打，但马蒂身上却没有刮伤或擦伤。相反，有一位心怀怨恨的商业合作伙伴当晚在坦克立夫家打扑克，欠了西摩 50 万美元。在袭击案发后不久，他突然刮掉了自己的胡子，溜到了加利福尼亚州，用假名进入了一家温泉浴场，马蒂当时立刻就向警方指证他是有作案动机的嫌疑人。

尽管如此，公诉人的指控以及陪审团的裁决，都是基于马蒂在发现父母去世之后的几个小时内在警察局说出的几个字："是的，是我干的。"

这样不是很合理吗？不管怎样，谁会承认自己从没犯下的罪行？当然，马蒂在法庭上否认了当初的供述，声称他当时处于不稳定的状态，受到了逼迫。但是嫌疑人和律师碰面之后不都会这样做吗？正如摩根·弗里曼在电影《肖申克的救赎》里说的："你知不知道，这里每个人都是无辜的？"

正是这种思维方式，即认罪总是出自内部因素，认罪是因为此人知道自己是有罪的，这使公诉人起诉了马蒂，让陪审团给他定罪，并因为他并没有犯下的罪行判了他 50 年。这就是"所见即所得"，它自动假设没有外部因素会让一个无辜的人承认自己有罪。当然，公平地说，如果我们是陪审员，大概也会得出相同的结论。每个人都认为，自己不会承认自己没干过的事情。

不过，请临时抛开你习惯的信念，更仔细地考虑一下马蒂的处境。他只有 17 岁，刚刚发现父母的尸体，完全处于震惊当中。警察在没有律师在场的情况下就把他抓去审讯，并在逼迫他解释为什么不哭的过程中越来越咄咄逼人。接下来，他们努力罗织证据来构陷马蒂。马蒂被告知，在他死去母亲的手中发现了他的几缕头发。他们说，有一个所谓的"湿度测试"表明他在袭击过后立刻洗了澡，而非他自己所说的前一个晚上。

你说，这算什么？警察不是不能编造谎话吗？哦，当然，他们可以这样。他们不能把它呈现在法庭上，不管怎样，这是虚假的证据。但是在审讯中，警察可以肆意编造。他们可以让你接受测谎测试，然后告诉你没通过。他们可以告诉你，凶器上发现了你的指纹。或者，医生给你濒死的父亲注射了足够的肾上腺素，让他可以从昏迷中清醒，有足够的时间指认你是凶手。

对马蒂来说，最后这一条成了压垮骆驼的稻草。悲痛和警方审讯带来的疲惫让他崩溃，当被告知父亲指证了他时，他有那么一瞬间放下了防备。听到这个消息后，他不禁疑惑自己是不是因失去意识而犯下了罪行。在被问到几十次相同的问题之后，马蒂终于向周围的情境屈服了。这仅仅是为了让他的世界停止旋转，仅仅是为了能争取一点喘息的空间，让自己可以理解一下这个早上发生的一系列让人难以理解的事件，因此他回答说："是的，是我干的。"

于是，警方起草了一份声明，说明了他们对于事件的描述和解读。他们的解读很快就被法医鉴定证明是不可能成立的。马蒂绝不同意签署这份声明，他几乎立刻就后悔了，要撤回他所谓的认罪。

马蒂并不是唯一遇到这种情况的人。据统计，20 世纪 80 年代，马蒂所在的萨福克郡在凶杀案件上有高达 94% 的认罪率，这个百分比远高于周围的地区，高到了肮脏的程度。我的意思是，94% 是麦道夫投资这种庞氏骗局的回报率，但不可能出现在凶杀案的调查中，也就是说不可能只有 6% 的嫌疑人不认罪，除非有什么问题。也许有几个陪审团能够看穿这些所谓的认罪，能够正确地判定，案件中的被告在认罪时不具有自由意志，或是头脑不清醒。然而，对于马蒂来说，很不幸，他的陪审团不在其中。

不管你是否喜欢这个事实，你我都有可能在马蒂案件中做出相同的判决。

威廉姆斯学院的法学研究者曾经要求模拟陪审员评估一份审讯总结记录，在这场审讯中，一名警探通过大喊大叫、用威胁性的方式挥舞他的手枪，让嫌疑人承认了谋杀的罪名。被试说，认罪并不是自愿的。模拟陪审员们报告说，这不会影响到他们在庭审中的判断。他们宣称，自己完全不会采纳它。接下来，当他们被要求做出判决时，与那些没有被告知嫌疑人已认罪的模拟陪审员相比，他们仍然会有高出四倍的可能性认为被告是有罪的。

这种问题并不限于长岛地区。“清白工程”（The Innocence Project）是一个全国性的联合会，参加者包括律师和其他法律专业人士，他们致力于推翻错误的判决。在过去的 20 年里，通过 DNA 检测，它成功推进了超过 200 项免罪，例如证明一个被指控犯下强奸罪的男子的精液并不符合强奸犯在犯罪现场留下的样本。

在这些因 DNA 检测而免罪的案例中，虚假或受逼迫的认罪在最初的定罪中扮演主要角色的比例超过 25%。这意味着，在这些被送进监狱的无辜男女中，至少在某个时候，有超过四分之一曾经做出了某种形式的认罪。

与直觉相反，情境会让一个无辜的人认罪，这样的情境多得令人惊讶。公开的威胁、酒精作用以及认为警察不可能编造证据这种法律上的无知，以及一场让人身心俱疲的持久审讯会带来诸如这样的念头：我会说他们想要我说的任何东西，这样我就可以离开这里，睡上一会儿，明早一切都会弄清楚。

对于马蒂来说，这个“明早”过了 17 年才到来。当你与“所见即所得”抗争时，这是一场艰苦的战斗。

你只是不想承认罢了

究竟是什么驱使我们从内在的、性格驱动的角度来解读他人的行为？是什么让我们忽视了情境的力量，投向性格的怀抱？答案就在于我们思考和感受的方式。换句话说，这种倾向源于我们的心智接收信息的方式，因为采取这种思维方式，能让我们所处的世界变得可以预测，这一点更令我们欣慰。

看见人很容易，他们是具体可感的。情境则更难被注意到：这是一个抽象而模糊的概念，一种可能完全不被看到的背景。从这种意义来说，我们的社会镜头是被设置为浅景深的。

我们用有限的视野深度看待世界，聚焦的重点都放在前景上，背景则模糊不清。这就像比基尼超模在沙滩上拍的体育杂志照片一样。

SITUATIONS MATTER

恰恰是因为情境难以被注意到，所以我们需要付出更多的努力，才能意识到它们的影响力。因此，如果我们没有足够的心理能量来考虑其他的可能性，就会坚持从内在的角度解释行为。当我们感到劳累、忙碌，或是面临时间压力时，认知资源被占用了，我们就没法聚集足够的心理力量，来应对“所见即所得”的挑战。下面这项研究将向你证明这一点。

SITUATIONS MATTER

情境实验室

在得克萨斯州立大学开展的一项研究中，被试对一位女性的评价谈话被录了下来。这位女性总是显得很紧张，不过在其中一段录像中，有一个明显的情境性因素可以解释她的焦虑：她被要求讨论自己的性幻想。在另一段录像中，她紧张的原因就没那么清楚了，因为谈论的话题只是她对于园艺的热爱。看过两段录像之后，被试都会认为这位女性比一般人更焦虑，但是这种倾向在看过讨论园艺的录像之后更明显。在谈论性的时候感到紧张，这是完全可以理解的；但是，为什么她在谈论绣球花的时候也这么焦虑呢？

在另一组观看者那里却出现了不一样的结果。他们被要求观看录像，同时记忆一个单词表。在这些观察者眼中，对性格的评价并不会随着谈话话题的改变而改变。无论这位女性谈论的是园艺还是性，他们都认为她是同样的焦虑型的人。这些被试忙于在脑海中复述那个单词表，这导致他们在认知上过于疲劳，没法投入足够的精力来意识到情境对这位女性的影响。他们看不到这样一个事实：只要不是在成人频道的电影里，任何人与陌生人分享自己的性幻想，都会感到不舒服。

SITUATIONS MATTER

如果心智被其他任务和担忧所占据，我们就比平时更不可能注意到情境的存在。在大多数时候，我们的默认取向都是自动地跳到“所见即所得”上，有时我们无力克服它。

还有另外一种更加具有策略性的原因，增加了“所见即所得”的诱惑。许多时候，我们只是不想承认情境的影响。

天灾突然降临。

金融市场突然崩盘。

波士顿红袜队赢得了美国棒球大联盟比赛总冠军，而且是两次。

在这个变幻莫测的世界里，至少身边人的性格看上去比较稳定的表象，会减少一些让我们担忧的事，让我们获得更强的控制感。

不管怎样，在评估别人的行为时，我们并不会随便抓住一种内在的解释。我们尤其愿意紧守稳定性格的观念。在斯坦福大学的问答节目研究中，对于观众来说，提问者之所以看起来如此聪明，是因为他们本身就比别人聪明，这是最简单也是最有吸引力的解释。

认为自己可以预测别人的行为，这种虚假的信心让我们感到安心，也让我们更加抗拒相反的证据。

SITUATIONS MATTER

尽管看见了邻居不关垃圾桶盖子，把车停到距离路边很远的地方，我们还是认为，他们没有能力犯下比这些更大的恶行，这种念头让我们深感欣慰。但是曾有多少次，我们在新闻里听到疑犯的同事、前室友或是未婚妻说“我很了解他，他连一只苍蝇都不会伤害”。但是接下来，证据逐渐浮出水面，表明疑犯确实会打苍蝇，而且还会做一些其他的事。

当需要解释的行为令人不快时，忽略情境的动机就会更强烈。把那些在紧急情境下袖手旁观的人标记为性格冷漠会令人宽慰。当我们听说一位患者在候诊室里摔倒并去世，医院的员工目睹了全程，却在超过一个小时的时间里没有采取任何措施时，我们也会产生这样的想法。或者，一位女性受到歹徒攻击，几十个邻居能听到声音，却没人干预，没人在窗边喝止，也没人报警。当我们听到这样的事情时，第一反应是：“这些人有什么毛病？”我们坚信，自己如果面对同样的情形，肯定会挺身而出。但是，正如第 2 章中将要讨论的，这种想法忽视了各种各样的情形，在这些情形里的每个人，包括你和我都更愿意自扫门前雪，而不会对身处困难的公民同胞伸出援手。

“所见即所得”让我们将世界视为一个稳定的场所，并积极地看待自己。这让我们不愿意相信，如果身处相同的情境之中，我们也会做出同样糟糕的行为。也许在阅读本章时，你就体验到了这种抗拒心理。你是否觉得，自己在问答节目研究中会是个例外，你会认为提问者和回答者智力相当？是否觉得自己非常理性，不会因为付费代言而动摇？你是否觉得自己会像《十二怒汉》（*12 Angry Men*）电影里那样顶住其他陪审员的压力，坚持己见，像亨利·方达（Henry Fonda）在电影中那样让他们接受无罪释放马蒂·坦克里夫的意见？

也许你是对的。我承认，我经常发现自己也会采取这种思维方式。但是研究的结论却相反。除了我的母亲和儿童电视剧里的米斯特尔·罗杰斯（Mister Rogers）总是夸我很特别之外，我有什么理由认为自己会是例外？最终，尽管我母亲的夸赞可能确实有根据，但我很确信罗杰斯对住在周围的其他孩子都是那么说的。

然而，本章想要说的，并不是从性格的角度看待他人是不可避免的。这种倾向是否非常普遍？当然，有的时候我们几乎无力抗拒，但是否完全无法避免？不是的。

我们并不会总是做出有关性格的推论。例如，在想到那些已经熟识的人时，我们就经常能意识到情境的影响。我们看到了亲朋好友在不同环境下的表现。这些记忆会提醒我们，室友并不总是抠门不给小费，而巴里叔叔在令人不快的外表下，也有温柔的一面。

当判断对象是自己时，你也更容易意识到情境的影响。与卫生间里的其他人不同，我知道自己之所以插队，只是因为抱着一个马上就要憋不住尿的小孩子。我知道自己在社交方面并不笨拙，只是因为聚会上没有值得聊天的人。简而言之，在旁观者和当事人之间，存在着巨大的差异。

你并没有从“所见即所得”的角度看待自己，因为不管怎样，你都时刻与自己待在一起。你已经看到了自己的行为在不同情境下会有多么不同。此外，正如接下来的几章中将要详细讨论的那样，我们在评估自己时，经常会过度慷慨，所以更愿意将自己的负面行为归咎于情境。

对于性格推论是否不可避免的问题，另一种思考方式是，看看有没有人一开始就能免受“所见即所得”的影响。尽管有些行为科学家认为这是一种基本的人类倾向，但近期的研究却表明，对于情境的忽视在美国、欧洲和其他西方文化中更明显。

例如，看看下图中的这个场景。

图片由高井松田（Taka Masuda）提供。

你会如何描述它？如果你在美国或西欧长大，你的回答可能是“有鱼游来游去”或是“前面几条鱼在向左游”。

可是，日本学生看了同样的图片，却给出了非常不同的回答。日本人在谈论前面的鱼时，经常会描述它与场景的关系。与美国人不同，他们会提到左边的植物，背景中呆滞的动物，还有水的颜色。换句话说，他们注意和思考情境的方式，似乎与许多西方人不同。他们确实能比美国人看到更多的情境。

忽视情境，聚焦前景，并不是一种普遍存在的先天倾向。相反，文化经验和侧重点的不同，会塑造我们看待世界方式的默认倾向。

SITUATIONS MATTER

具体来说，西方人最有可能成为“所见即所得”的死忠信徒，这种思维模式源自传统的西方价值观，诸如顽强的个人主义、自立、个人独特性和自我实现。这些理念很容易转化为一种社会性的关注，让我们注意身边特定的人，以及他们的行为所反映出的内在性格。

日本被试在观看鱼的场景时，则会更多地注意到背景和情境。文化心理学家和人类学家认为，这反映出了亚洲社会普遍存在的一种思维方式，即更加具有整体性，对情境更加敏感；这种世界观可以追溯到中国古代对于社会责任和集体和谐的强调。确实，当古希腊的哲学家在宣扬每件事物的独特内在属性时，中国人却在思考万事万物之间的关系。当东方的医学强调整个身体的和谐平衡时，西方医学却开展手术实验，通过单独切除身体中有问题的部分来解决健康问题。北京奥运会的开幕式上，2008 位鼓手用同步的表演震惊了世人，而10年之前亚特兰大奥运会的开幕式，则突出了席琳·迪翁一个人的独特特点。

柏拉图如果知道了，一定会感到骄傲。

你可以写一整本书来探讨这些文化差异的根源。别紧张，本书不是关于这些内容的。对于我们的目标来说，上面这段话就足够了，它足以表明忽视情境并不是我们大脑的先天倾向。如果比较一下西方和东方儿童对他人行为的描述，会发现大部分都是相似的。到了成人阶段，才发展出了看待事物的不同方式，美国人转向用性格解释别人的行为，如“他只是一个以自我为中心的人”，印度人则给出了更多依赖于情境的解释，如“他失业了，所以没法给钱”。情境并非总是不可见的，但是许多美国人成长所处的文化环境，却要求关注站在前面的个人，要思考是什么让一条鱼或一个人与众不同，而非思考如何将其与周围的环境融为一体。

别误会，性格和个性确实存在。有些人确实比其他人更愿意帮助别人、更有攻击性，或是更加外向。但是我们看待彼此的方式，尤其是在西方文化中，已经失衡了。我们把宝全都押在个性上，却忽视了情境。

幸运的是，这也意味着你可以训练自己不这样做，或者至少不一直这样做。而这就是本书的主题。

发现情境，抢占先机

接受手指手术一段时间之后，我的焦虑感已经散退，也不再服用止疼药物；这时我向我的岳父讲起了这段经历，他是一位杰出的医生。他告诉我，每次给医学院的毕业生讲话时，他都会告诉他们，对他们来说最好的事情就是生病。当然，病不要太严重，只要足够让他们去努力及时预约一次与医生的会面、与医疗保险机构讨价还价、坐在候诊室里等候就可以，这会给他们上一课，让他们体会到做患者的感觉。

这个建议很棒。你也可以使用这种具体的策略，来摆脱“所见即所得”心态的影响，避免忽视情境的作用：强迫你自己从不熟悉的角度来看待那些熟悉的情境。每天都尝试换位思考，从他人的角度看待问题。

如果你是一位教师，可以偶尔听听其他老师的课，静静地坐在听众当中，重新发现什么样的课堂教学能够引人入胜，什么样的会让听众焦躁不安或低头玩数独游戏。

如果你是一位客服代表，为了体验客户等待的焦虑，下次你接到一个对自己来说很重要的电话时，可以故意放一会儿再接。如果你是一位空乘人员，可以试试坐一次普通舱。

这个办法对于消费者来说也同样适用。

如果你是一个学生，因为两个小时还没收到教授的回信而感到烦躁，可以想一想，也许班上的其他 99 名同学也同时在祈求教授注意到自己。

如果你是一位旅客，正在登记丢失的行李，请提醒自己，并不是眼前的这位职员将你的行李寄到了圣彼得斯堡，而非圣路易斯。如果你是一位患者，在急诊室里等待了快 3 个小时，请意识到，尽管你断掉的两根手指可能很疼，但真正急需救助的是救护车刚刚送来的那个哮喘发作的 7 岁小孩，即使你非常确信这个孩子是假装的。

用他人的视角看待问题，可以让你不会忽视那些微小的因素，这些因素会对与你打交道的人产生巨大的影响。重新发现情境的力量，不只会让你变成一个更有耐心的人，还会改善你的社交能力，让你工作得更好。

SITUATIONS MATTER

不过，冒着重复的风险，我还是想说明：我的论点并不是说只要重视了情境的影响，就一定能让我们变成更好的人。这肯定是一种美好的想法，我承认确实有一些证据支持这一点。如研究表明，恋人在面对负面事件的时候，如果能够避免指责对方的内在特质，那么就会更快乐一些。认识到情境的影响，可以让你变成更快乐的伴侣和更好的恋人。更一般地讲，如果我们不习惯性地做出性格类型的判断，那么许多人都能变成更有耐心、更宽容、更体谅他人的世界公民。

然而，本书真正的帮助在于，**认识到情境的力量，可以让我们在各种事情上占得先机。**这种竞争优势可能伴随着“变成更好的人”的额外效果，但是也有许多时候并非如此。请考虑一下高效的销售员。人们之所以在销售上取得成功，通常是由于他们重视框架在消费者偏好中扮演的角色，知道如何通过采取不同的宣传方式，让同一样东西看起来与众不同。为了这个目的，销售员们开发出了几十种不同的技术，来利用情境影响消费者的想法和行为。在这些技术中，可没有哪一种与努力成为更好的人有关。

想要推销一个附加的服务套餐，尽管你的客户并不真的需要它？首先提出一个更贵的三年合约，这样就让短期的合约看起来更划算。想要让一样平庸的产品看起来更有价值？设置购买的时限，让它看起来好像紧缺的商品。的确，我之前加入的每一家健康俱乐部，都是因为它们的销售宣传让我相信，我发现了一个特别划算的优惠套餐，当天就要过期，而且恰好只剩下一个名额了。

也许我只是天生幸运而已，但是既然我的体格让我不得不去健身房，偶尔还有急诊室，所以事实并非如此。不，我并不是一个幸运的家伙。那些销售员也不是同情心和道德的楷模。相反，他们是一群专业人士，学会了驾驭情境的力量，认识到了情境在塑造人们的思想和行动方面的重要性。

你也可以做到。

实际上，一旦你开始注意到那些曾经视而不见的情境影响力，就没有回头路了。就像学到了一个魔术戏法的秘密，或是了解到了一种视觉幻象的原理一样，你不可能再用旧的方式看待问题；那种方式虽然令人愉悦，却非常天真，带有误导性。简而言之，要想克服“所见即所得”，最好的办法之一就是首先意识到它的存在。

你所见的并不一定是你实际得到的，接受这一点，可以让你更加精明地穿梭于社会宇宙之中，无论你面临的最大挑战是核扩散谈判，还是寻找新的健身房。例如，下一次当你身处政治辩论，或是白热化的谈判中时，如果你觉得对手是一个疯子，或是一个不可救药的吝啬鬼，在怒气冲冲地得出这种结论之前，先冷静一下。强迫自己从对手的角度看待这场讨论，哪怕只有一小会儿。不是因为这会让你变成一个更友善、更温和的人，而是因为这会增加你最终获胜的概率。

下一次，你再读到那种新闻，讲的是有人在网络聊天室里直播自杀，但聊天室里其余人在事发几个小时的时间里都没有报案，那么在你想要感叹世风日下之前，请停一下。至少花一点儿时间快速思考一下空间上的疏离和横跨各个阶层的匿名性。那么下次，当情境中的每个人似乎都在等着别人采取行动时，你就可以准备好主动出击了。

此外，还要提醒你自己，无论是通过自己的双眼，还是通过媒体，不要以为你所窥见的那一点点别人在公开场合的行为能提供给你足够的信息，来告诉你某人“能做的事”。多么天真的人才会以为，通过新闻发布会、付费的宣传，还有脱口秀节目的出镜，就能让我们了解到一个人是哪种人？但是，我们却一次又一次地落入这种陷阱。是时候不再为这些事感到惊讶了，无论是政治人物的桃色丑闻、演员的粗鲁言辞、运动员使用兴奋剂，还是国际高尔夫球偶像的……呃，随便你怎么描述他干的那些事。

这些内容在下一章里会详细展开，考察被忽视的日常情境对各种各样人类经验的影响。我们会看一看，情境方面的考虑如何塑造了我们私人的自我感觉，如何粉饰了我们对性别差异的观念，以及如何决定了我们爱谁、恨谁。我们会首先检视一些环境因素，它们决定了我们是做英雄，还是做胆小鬼；在这个过程中，我们会特别关注一点，那就是身处在人群之中的我们和独处时的我们，是完全不同的两种人。

UNDERSTANDING HOW CONTEXT TRANSFORMS YOUR WORLD

SITUATIONS MATTER

02

把握情境，战胜冷漠

1999 年，伊格纳西奥·门德斯（Ignacio Mendez）死在纽约的地铁上，但是整整 3 个小时的时间都没人注意到他。他的外甥说："那是早上 8 点半，有 100 万人在坐车，居然没人发现他死了？这让我感觉纽约人情冷漠。"

纽约真的已经人情冷漠到如此地步吗？想象一下，如果是你登上门德斯所乘坐的这班地铁，身旁的这个人直直地坐在座位上，闭着眼睛，你有多大可能，会摇摇他的肩膀，确认他状况良好？是什么会影响你做出行动？

1993 年 2 月的一个下午，3 点半刚过不久，在英国利物浦的布特尔斯特兰德街购物中心，一架安全摄像头捕捉到了一幅图像；一般来说，这幅图像都会很快被人遗忘。摄像头拍下的是路边的行人，场景非常无聊。穿着冬装的购物者拎着各种袋子，走向不同的方向。在画面的中央，一个步履蹒跚的小孩儿背对着摄像头，把手高高举起，牵着另一个个子高一点儿、年长一点儿的男孩。没错，这确实是一副寻常的景象，不过它的可爱程度直逼贺卡上那种摆拍的照片：那个年长的、看不见脸的孩子，身高恰好是旁边那个更小孩子的两倍。

不到两天之后，这张照片因为完全意想不到的原因，成了全英国的谈资。这张宁静平和的照片，捕捉到了两岁的詹姆斯·巴尔杰（James Bulger）去世前两小时的图像，当时他刚被人从母亲身边拐走。詹姆斯身边的伙伴不是一个在人潮中守护着他的大哥哥，而是两名 10 岁的少年凶手中的一个，后来他们承认拐走了詹姆斯，虐待了他，然后把他的尸体留在铁轨上，希望把他的死亡伪装成一起意外。

这桩犯罪的内容，当然还有犯罪者的年龄，既令整个国家感到惊恐，也勾起了人们的兴趣。人们立刻痛心疾首地提出了各种问题：是什么让两个孩子恐吓并杀掉了另一个小孩？这种野蛮的行径，是否能反映当代社会的道德现状？对于这两个年幼的凶手，以及他们罪恶的行为，什么样的惩罚才是公正的？

本章要讨论的并不是这些问题。

杀害詹姆斯的少年，在完成最终的暴力行为之前，与詹姆斯一起待了两个小时，这段时间里他们走了 3 公里的路程，轮流伴走在他身边，背着他，或是拖拽着他，在街道中穿行。我们之所以知道这一点，是因为在庭审中，检方传唤了 38 位目击证人，他们都在那个下午看到了这 3 个孩子。38 位普通公民，在他们的日常生活中，都部分地目睹了詹姆斯所经受的痛苦折磨，却没有人出手干预帮助他。

这 38 个人中，有一些人证实说，他们看到了詹姆斯在哭泣。有一位证人看到，被告拖拽着詹姆斯，还踢他的肋部。另一个人则看到他们愤怒地摇晃詹姆斯。曾有几次旁观者走上前去想弄清楚发生了什么：其中一次大孩子们解释说，詹姆斯是他们的弟弟，他们正在带他回家；另一次，他们则说自己发现詹姆斯在街上游荡，于是准备带他去警察局。但是，这些旁观者中没有人护送他们前往宣称的目的地。甚至没有一个人为了安全起见，给警察打电话。

我们可以很轻易地将杀害詹姆斯的凶手贬为人渣，把他们当成怪物，认为他们的变态行为已经脱离了人类的范畴，但是那 38 位目击者，看上去仅仅是普通人而已，这一点令人感到不安。从各个方面来说，他们就是像我们一样的人。但是这一点让人很难接受。当听到他们的故事时，我们有哪个人不会这样想：不，我不会这样做。如果是我，我会伸出援手。我会坚持与孩子们一起走到警察局，甚至抱起詹姆斯，自己把他抱到那里。

就像上一章讲到的那样，我们匆忙地对这些旁观者的品性做出了“所见即所得”式的判断。我们寻找一些持久不变的性格缺陷，来解释他们的不作为：这些人到底出了什么毛病？为什么可怜的小詹姆斯会两次遇到不幸：首先是遇到了 10 岁大的反社会分子，接下来又被带到一个地方，周围都是冷漠而无动于衷的人？我们会想，如果是在另一座城市，遇到另外一些目击者，结果肯定有所不同。

但事情并非如此简单。

我同意，哪怕这些旁观者中有一个人特别细心或坚决，那么小詹姆斯就不会遭遇这样悲惨的结局。但是，把詹姆斯的死归咎于 38 位目击者的性格，认为世界上存在着愿意帮忙和不愿意帮忙的人，而詹姆斯的不幸结局在于遇到了后一种人，这种想法不能概括事情的全貌。这种结论也许可以宽慰我们，让我们觉得自己和所在的社区要更好一些，但是它却忽视了情境的真正力量。

实际上，关于情境因素塑造行为最有戏剧性的例子之一，恰恰就是情境对于旁观者的影响。我们帮助或者不帮助有需求的人的决定，是一个论述情境对于人性影响的完美起点。因为，尽管出于本能的反应，我们认为詹姆斯·巴尔杰惨案的目击者生性冷漠，但是在一些情境下，我们所有人都会变得不愿意帮忙，有时甚至都不会意识到发生了紧急状况。对于这个结论，最有说服力的例子之一，是普林斯顿大学的约翰·达利（John Darley）和丹尼尔·巴特森（Daniel Batson）开展的一项研究。

SITUATIONS MATTER

情境实验室

在这个实验中，学生被要求到校园里的另一栋楼里，做一个简短的口头报告。他们拿着手绘的地图，在前往目的地的路上，会看到一位安排好的演员，他衣衫褴褛，倒在路边。根据研究者设计的剧本，每位被试经过的时候，这位演员会双眼紧闭，发出痛苦的呻吟，并咳嗽两次。总体来看，仅有 40% 的学生会尝试帮助他。

更令人惊讶的发现则是决定谁会帮忙和谁不会帮忙的因素。对于助人行为来说，最关键的决定因素不是被试某些方面的性格，而是最普通的情境性考虑，即被试是否要赶时间。

如果被试被告知，他们时间很充裕，那么有 63% 的人会停下来照料那位演员。而在那些被告知迟到了的人中，只有 10% 的人伸出了援手。

你可能会问为什么这很重要？如果要赶时间，我们就更不可能管别人的事情，这有那么令人惊讶吗？嗯，对于这个研究来说，最引人注目的发现是，在研究者考察的所有可能影响助人行为的因素中，时间压力的影响力最强。着急赶时间，这种常见的日常体验，远比性格类型能更好地预测助人行为。时间压力的影响力甚至超过了被试被安排的口头报告的主题，这一点尤其令人惊讶，因为有一半的学生要发表的报告主题是……好撒玛利亚人[①] 的寓言！

我还没有讲到最具讽刺性的发现。在评估各种助人行为的影响因素时，研究者实际上限制了情境的影响。他们选择的被试，是那些会让你期待他们无论在何种情境下都特别有可能帮助别人的人。这个研究的被试不是一般的普林斯顿学生，他们是神学院的学生。

SITUATIONS MATTER

对于实验中的这群人，你不会期待他们会对他人的痛苦视而不见。我的意思是说，我们谈论的不是华尔街的经纪人，不是美国职业橄榄球联盟巴

①《圣经》中耶稣讲述的寓言故事，一个犹太人被强盗打劫，身负重伤躺在路边，路人视而不见，只有一个撒玛利亚人帮忙。——译者注

尔的摩乌鸦队（Baltimore Ravens）的彪悍后卫，也不是美国联邦应急管理局（FEMA）那些效率低下的管理员。这些是为了成为神职人员而学习的男男女女。但是，他们中却有几十个人，径直从需要帮助的陌生人身边走过。实际上，当需要赶时间时，90% 的人没有提供任何形式的援助，有些人甚至真的直接绕过了那个半清醒的人，去发表关于好撒玛利亚人的演讲。

情境对于性格以及职业的压倒性胜利颇具有讽刺意味。很少有更好的例子，能够如此鲜明地展示日常情境的强大力量。

在塑造助人行为方面，时间压力并不是唯一有影响的因素。在另一个门槛更低的助人行为研究里，研究者在美国一家购物中心里找了 116 个人，和他们换一美元的零钱。一位男性的研究者负责接近男性的购物者，另一位女性的研究者则负责女性。在整个商场公认最好闻的店面前，即“肉桂树”（Cinnabon）或“菲尔茨太太的饼干”（Mrs. Fields Cookies）门前，有 60% 的人同意帮忙换钱。但是，在服装店前就只有少于 20% 的人愿意帮忙。后续的问题表明，美食街食品店飘出的香气，让购物者情绪更好，而人们在快乐的时候更愿意伸出援手。

你可以问问给你送来账单，顺便还附赠一粒薄荷糖的饭店服务员，她肯定知道自己这样做并不是为了让你在餐后口气清新。有统计分析表明，如果账单和糖果一起送上，平均的小费数额会从 15% 提升到 18%，而如果顾客可以自己选择要哪种糖，这个数字还会变得更高。免费的糖果让我们情绪更好，不过这种策略之所以有效，还有一个原因是，我们更有可能帮助那些之前帮助了我们的人。也许你曾遇到过有人在街角递给你一面小旗子或是一件饰品，然后向你募捐，他们这样做的原因正在于此，出于同样的原因，如果你礼让了另一个司机，对方却没有招手致谢，你会感到生气。互惠的观念，报答人情的义务，也会驱使我们帮助别人。

不同的研究表明，情境太重要了，这让我们没法将世界上的人划分为本能地愿意帮助别人的人和本能地不愿意帮助别人的人。同样一个人，可能在某一天会停下自己悠闲的脚步，为迷路的游客指点方向，也可能在第二天早上，在停车场里从你身边开过，因为他没有心情为你让路。

这些能否帮助我们理解詹姆斯·巴尔杰案件中那些目击者的情况？不能，至少不会提供直接的帮助。我们还没有触及在利物浦的那个下午可能产生了影响的情境因素。当然，这 38 个目击者中可能有些人像普林斯顿大学的神学院学生一样，面临着时间压力，但是另一些人则仅仅是呆坐在汽车中等候朋友，或是在送货途中停下来抽根烟。心境在这里似乎也没什么关系。

不，为了更好地理解英国媒体所说的“38 个利物浦人”，我们需要挖掘得更深一些。我们需要考虑一下也许是最强大的情境影响，即身边还有其他人在场。

无处不在的群体力量

每个星期，我都要花几个小时在拥挤的讲堂里讲课。这是一个熟悉的情境，我把它视作日常活动中理所当然的一部分。但是，我仍然记得 10 年前我第一次身处这个情境时的样子。几乎在一瞬间，这种体验就让我意识到了两件事。

第一件事是，不管幻灯片的内容如何，只要我翻到下一张，就会让许多支笔一起开始书写。我很快发现，听众里有一部分人，倔强地试图记录下课堂上投影出的每一个字。讲到一半的时候，我渐渐明白，即使我在屏幕上放出一首下流的打油诗，许多专注的学生仍然会从“楠塔基特”[①]开始，把它们抄下来。

我顿悟的第二件事情是，我应该向自己以前的老师们说声抱歉。实际上，应该道歉许多次。原来，坐在一个拥挤的课堂里，远比你想象的更加引人注意。讲课的时候，我可以听到左边有两个学生一整堂课都在说俏皮话。我可以看到在他们前几排的女生正在偷偷地看杂志。当然，房间角落里还有一个贪睡的家伙，伴着有如安静潮汐的节奏，一会儿清醒，一会儿昏睡。

该死，我对自己说。我的历史学教授一定知道，我假装记录关于南北战争前南方状况的笔记时，实际上是在琢磨填字游戏第 11 个横向的单词。而且，我坦白交代，在线性代数课上我也是这样，还有宗教导论和艺术史课。

你以为你自己在课堂里是匿名的，你肯定觉得自己是这样。否则你如何解释，在我做课前准备的时候，第一排的学生会毫无顾忌地聊这样的话：“我还没有开始写周三要交的论文。你觉得他会让我延期吗？”

我需要调动全部意志力，才能忍住不去打断说：“你知道，他离你也就 4 米距离。而且，既然你问到了延期，答案是：‘不可以’。”尽管这会很有趣，但如果暴露了这一点，会让我失去一个非常有价值的手段，来监控不安分分子。

在人群中这种匿名的感觉，也会影响到我们的助人倾向。为了演示这一点，我有时会在讨论助人行为的那堂课上带一捆废纸。在课前，我“不小心”

① 美国马萨诸塞州南部的一个岛屿，美国许多打油诗以“有一个人住在楠塔基特岛”开头。——译者注

把纸堆碰倒在了教室前，经过多年的实践，我已经可以熟练地让纸张散落到最大的范围。虽然有超过一百个人看到了这一幕，却很少会有任何一个人走上前来，问我需不需要帮忙把它们捡起来，即使此时课程幻灯片的标题页已经投影在了屏幕上，上面用大大的字写着："第一部分，助人行为"。

学生们的作为，或者说不作为，体现了人们身处人群中时所受到的影响。他人的存在，对于这堂课主题的影响，比他们想象的还要大；这比任何性格类型都能更好地预测他们的行为。请记住，他们都是聪明而有风度的年轻人。当他们单独来到我的办公室时，如果我掉了什么东西，他们会帮我捡起来。其实，在这样一个高度个人化的情境中，他们甚至可能答应帮我割草坪，或是取回干洗的衣服。不管怎样，我是最后给成绩的那个人。

然而，在一个庞大的群体中，他们就会坐在自己的座位上，看着我转过来背对着他们，尴尬地趴在地上，爬来爬去捡起那些没用的纸张。我向你保证，这个样子看起来很丑，但是对于学生们的冷漠来说，这是一个公正的惩罚。而且你应为出版商拒绝在这本书里放上一张我捡废纸的照片而感到庆幸。

我们如此习惯于人群带来的匿名感和分离感，以至于只要让人想象一下自己身处人群之中，就足以让他们更不愿意帮忙。

SITUATIONS MATTER

在一组有创意的实验中，研究者要求被试在头脑中想象自己身处拥挤的电影院，或是与 30 个朋友一起吃饭的画面。在问了几个不重要的问题，如他们希望影院的室温是多少之后，接下来试完成了一份看起来无关的慈善调查。

与那些之前被要求想象身处空荡荡的影院，或是想象两个人亲密用餐的被试相比，那些想象自己身处人群之中的被试，承诺的捐款更少。在一项后续的研究中，同样的研究者让另一组被试完成一个词汇分类任务。被要求想象人群的被试，对于诸如“无责任”“豁免”这样的词反应更快。即使和想象出来的人在一起，也会影响我们对于助人行为的看法。

你可以理解为什么我们在人群中会习惯于如此感受。以看电影为例，你花了6美元买爆米花，13美元买电影票。但是，当放映机失焦之后，你却只是被动地坐在那里。你不想错过任何东西，所以你假设其他笨蛋会向影院反映这个问题。如果有几十个人可以替你完成一件事，逃避责任就变得很容易。如果这种说法听起来很熟悉，那是因为在2008—2009年美国政府注资援助因次贷危机而亏损严重的银行之前，美国证券交易委员会似乎将这种说法当成了官方座右铭。

随着时间的推移，我们学会了将这两个概念联系在一起：一边是身处人群之中，另一边是抛弃责任。反复建立这种联系，最终仅是想到一群人，就足以触发被动的行为模式。这是一种巴甫洛夫式的条件反射，不过涉及的不是狗和口水，而是疏离和超然事外。

不过，詹姆斯·巴尔杰案件又是什么情况呢？在电影院、餐厅和课堂里表现冷漠是一回事，当一个孩子身处危险之中时，依然集体置身事外，这就是另一回事了。人群的影响是否如此强大，甚至能影响到我们对生死攸关的紧急情况的反应？

很不幸，答案正是如此。

请考虑以下场景：一个本科生登记参加了一项研究，这个研究要求他与同龄人讨论自己对于大学生活的适应情况。为了确保他愿意自由地谈论个人问题，研究者将他还有其他学生安排在小隔间里，通过对讲机交流。研究者向他保证，他们不会听谈话的内容，并且小组里的成员不会彼此见面，也不会知道谈话对象的名字。

对讲机已经被设置好，每个学生有两分钟的时间，在这段时间里只有谈话学生的麦克风是开着的。于是，一个学生讲话，其他人听着，然后轮到另一个人讲话，如此继续下去。开始时谈话很正常。一个学生承认说，自己在小镇里长大，很难习惯城市里的校园。另一个人则不情愿地谈到，自己有健康方面的问题，遇到压力就容易犯癫痫，这让他在考试周非常担心。

不过，到了第二轮，事情出现了意想不到的变化。

当再次轮到那个有健康问题的学生讲话时，他很快变得痛苦起来。他结结巴巴地大声说，他可能需要别人“帮一个小忙”。随着窒息的声音影响到他的言语，他开始变得语无伦次，直到唯一能够听清的词只剩下“癫痫”“死掉”，当然还有“帮帮我”。

随后，对讲机失去了声响。

你已经读过了好撒玛利亚人的研究，所以你可能已经猜到，在这个场景里实际上没有人真的遇到危险。除了被试以外，对讲机传出的其他声音，包括那位癫痫患者，都是事先录好的，用来让被试听着不舒服。但是，被试并不知道这一点。在他的脑海中，他听到的声音来自另一个学生，身处严重的紧急医疗状况当中。他会如何反应？你可能也猜到了，这取决于他认为还有多少人和他一组。

如果这个研究的被试相信，他们是在与患者进行一对一的谈话，那么有 85% 的人会离开小隔间，告知研究者当前的紧急状况。如果他们认为谈话的有三个人，那么救援率会下降到 62%。

如果被试认为自己身处六人小组之中，又会怎样呢？如果他们认为其他四个人有同样的机会救助呢？只有 31% 的人会离开自己的小隔间。在对讲机那边的癫痫发作开始之后，有超过 2/3 的学生会留在原地不动，安静地等满 6 分钟之久。

身处人群之中影响到了他们的行为。性别因素不能帮你预测谁会帮忙或谁不会，性格类型也不行。真正影响他们反应的，是被随机分配到的寻常情境。影响普通的大学生究竟是成为英雄，还是仅仅成为旁观者最重要的因素就是，群组规模的大小。

我们习惯了无所作为

在群体中，我们更难看清紧急情况的真相。

有许多紧急情况在发生时看起来并不那么紧急。过路人在街上看到 3 个没有成人监护的小孩，会将其视为教养粗心大意的例子，虽然不幸，却无伤大雅。公寓的住户曾从睡梦中被醉汉惊醒，却对深夜的尖叫无动于衷。著名电视台主持人肖恩・汉尼提（Sean Hannity）认为前所未有的冰川融化仅仅是反映了全球气温“自然的起伏变化”，更不要说内布拉斯加州突然数量暴增的水滨公寓开发商了①。诸如此类。

① 内布拉斯加州是美国中西部的内陆州，有多条河流经过，近年因冰川融化，导致水位上涨洪水泛滥。作者所说的水滨公寓开发商未能意识到问题的严重性，还将其视为商机。——译者注

情境，即使是那些紧急的，也可能很模糊。在彼时彼刻，我们经常意识不到它们是紧急的。因此，我们会参考周围的人。我们估量他们的反应，这样就可以调整自己的反应。如果看起来没有人因为当前的情况警觉起来，每个人都像平时一样做自己的事情，那么人们就会假设万事大吉。

1999 年，伊格纳西奥·门德斯（Ignacio Mendez）的死引起了广泛关注。为什么？门德斯死在纽约的地铁上，但是整整 3 小时的时间里都没人注意到他。许多人认为，门德斯之死反映出了这座城市居民的性格。如他的外甥所说："那是早上 8 点半，有 100 万人在坐车，居然没人发现他死了？这让我感觉纽约人情冷漠。人们只关心自己。"

他的反应可以理解。如果所爱之人这样无声无息地死去，我们大多数人都会感到愤怒。而且你也可以找到其他例子支持他对纽约人的反感，因为类似的事情后来又发生了好几起。

然而，对于纽约市民性格的指控，并不能令我信服。这只是"所见即所得"的再次发作。

如果你或我在早上 9 点半登上 1 号线地铁，经过这个大个子并在他身边坐下，又能怎么样呢？他直直地坐在座位上，闭着眼睛，而且根据一些报道，身上满是酒气。你有多大可能会摇摇他的肩膀，或是对他耳语来确认他状况良好？

作为一个在中西部长大，后来移民到纽约的人，我能够清晰地回忆起自己儿时第一次来到这个城市以及第一次坐地铁的经历，当时我完全遵从了父母对于目光接触的规定。我不记得他们具体要求我怎么做，但我确信，他们不允许我去捅旁边没反应的乘客。

如果你在 9 点半登上了门德斯乘坐的地铁，你可能会环顾四周，看到其他乘客做着每天乘车时都会做的事。也许瞥见门德斯的时候，你会愣一下。但是，看起来没有人关心他，那么你也没有理由这么做。其他乘客待在车上的时间比你更长，从逻辑上讲，他们比你更了解情况。也许刚才他们还看到门德斯醒过来呢。

其他人了解一些你不了解的东西，在这个例子里是“当前的状况并不紧急”，这种想法是令人感到宽慰的。

如果人群看起来没有为当前的状况担忧，我们每个人都会更满足于现状，于是形成了一种不作为的循环，每当新人加入这个情境，都会继续下去。

SITUATIONS MATTER

你不知道这是一个紧急情境，于是你面对失去意识的地铁乘客时表现出的冷静，减轻了 9 点 45 分上车的乘客的担心，而他们的无动于衷又以相同的方式影响到了 10 点钟的乘客。以此类推。

我们认为群体可以为我们提供参考，而且不限于助人的情境。

实际上，第 3 章更加仔细地探讨了这种观念，反思了群体的影响，有时它不是导致了不作为，而是导致了不寻常的行为。但是，我们在模糊的情境中会参考他人的反应，调整自己的反应，这种倾向可以帮助我们理解自己没有向别人伸出援手的情况及原因。

让我们来看看前面提到的癫痫研究的两位研究者做的另外一个实验。

SITUATIONS MATTER

情境实验室

约翰·达利和丹尼尔·巴特森让学生完成一份问卷，在这个过程中墙上的通风口渗出了蒸汽似的烟雾。如果被试自己一个人坐在房间里，那么有 75% 的人会立刻起身，报告可能出现了某种问题。但是，另外一些学生与两位演员一起坐在房间里，这两个人被指示不对烟雾做出反应，那么只有 10% 的被试会采取行动。

没错，令人惊讶的是，对于身处群体中的被试，10 个人中有 9 个人会呆坐在满是烟雾的房间里，没有反应。就算几乎看不到眼前的纸张，他们也会扇走烟雾，继续填问卷，有时还会不停地咳嗽。其他人的无动于衷影响到了他们，让他们确信这些烟雾并没有那么不正常，肯定不需要采取行动。在实验后的访谈中，他们表示这也许只是蒸汽而已，或者是空调泄漏什么的。

SITUATIONS MATTER

身处群体之中，紧急的情境在我们眼中变成了寻常的情况。

即使我们确实意识到了紧急情境，但身处群体之中，仍然会使我们更不容易参与其中。群体稀释了责任。

不需要找别的例子，只要看看无所不在的群发邮件，就可以观察到这种过程。实际上，就在我写下这段话几分钟之前，刚好有一封邮件跳进了我的收件箱。

发件人是我们系一位心怀好意的管理者，信的内容如下：

> 亲爱的教员们，
>
> 这位学生（请参见附件）希望有人能帮他在暑假实习方面提供建议。你们有没有什么想法或能推荐给他什么？
>
> 谢谢
>
> 心怀好意的系管理者

我花了 5 秒钟的时间删除了这封邮件。

为什么？因为我很忙。因为我不认识这个学生。因为我知道，我们系其他 17 位教员中的任何一个，都可以像我一样回答他的问题。而且我知道如果自己什么也不做，也不会有任何严重的后果。实话实说，如果我参与到这个交流中，会有许多微小的却令人厌烦的成本，而且没有什么切实可见的好处来抵消它们。

当然，如果这个学生直接联系我，或者如果我们的管理者将邮件单独转发给我，并解释了为什么我是理想的人选，我的感觉会完全不同。在这些情况下，如果我不回应，甚至如果只说对不起，而没有任何想法，也会让我看起来或感觉自己像一个混蛋。

身处群体之中，即使这个群体是虚拟的、数字空间里的，也会带来不作为。群体好像是助人压力的放气阀。一封直接的邮件请求，会将这种压力百分之百地放到我身上，使不回应变得非常让人不舒服。尽管我和你都有一些看起来不会受到这种不适感影响的同事，更不要提有些朋友看起来从来不介意让别人付账单。但是，一封群发的邮件，就会让责任感分散开来，将回应的压力平均分配到我们 18 个人的身上。忽略 5.5% 的责任很容易。而且我猜，我的每个同事都会这样做，让这个学生只能依靠自己，或者直接联系某个人。

换句话说，群体让我们可以逃避责任。一位名叫马克斯·林格尔曼（Max Ringlmann）的工程师在一个世纪之前就发现了这一点，当时他要求1到8个人的群体一起拉东西。尽管随着团队的规模增长，整体的合力提高了，每个人贡献的平均力量却下降了。一个人独自拉可以拉动63千克的重物，3个人的团队却只能拉动160千克的重物，也就是说平均每个人只能拉动53千克的重物。8个人的团队可以拉动248千克的重物，平均每个人只拉动了31千克的重物。因此，与一个人相比，8个人并没有提供8倍的拉力。而且，他们并没有相互掣肘：即使团队里的其他成员都是演员，只是假装发力，被试付出的努力仍然要比一个人时少。

在删除群发邮件的人身上，在从不挺身而出的项目团队成员身上，以及在课堂中用沉默来回应提问的学生身上，都表现出了相同的社会惰化。而且，有的时候，这些学生会来回翻笔记本，假装在仔细寻找答案，避免目光接触，直到老师叫了另外一个人。是的，我们知道你们在做什么，我们当年也是这样做的。

责任会在群体中扩散。化学家所说的扩散，是指原子从高浓度的区域扩散到低浓度的区域。群体中的责任感和义务感也出现了类似的情况。

SITUATIONS MATTER

然而，在紧急情境中又会如何呢？毫无疑问，员工会抓住任何机会避免额外的、没有报酬的责任，而且我们大多数人在四年级的夏令营之后，就不会再有动力全力拉绳子了。

嗯，在紧急情境中帮助人确实也有潜在的成本，如身体上的危险、投入的时间。而且，如果你的努力被证明是不成功或不必要的，那还会带来尴尬。同时,在这个诉讼日渐增多的社会里如果你用海姆立克急救法救了别人的命，却弄断了他的肋骨，你还可能被起诉。

有时我们会愿意承担风险，如在提供帮助的潜在收益超过了风险时。或者有时不提供帮助的风险更大，就像你首次约会，想要留下一个好印象，或者你不确定如果自己没有伸出援手，将来会不会受到良心的谴责时那样。但是，如果周围有人可以替我们承担责任，我们就更不愿意冒这样的风险。如果别人同样有能力，为什么要我承担重担？在我们的助人行为背后，存在着成本 / 收益分析，即使我们并没有在意识层面做这样的计算。

在普及一些不成熟的化学知识之后,请允许我再介绍一些半吊子物理学。助人行为完全取决于惯性。静止的物体会一直保持静止，除非受到外力。紧急情境中的旁观者，从定义上来说，并没有参与到过程当中，而是需要有强大的外力，才能改变这种状态。身处人群之中，将我们推向了被动状态，使帮助别人变得比登山还要困难。因此，不作为的惯性只有在他人在场的情况下，才会变得越来越强大。

利物浦的 38 个普通人

承认群体的这种力量，导致了一个令人惊讶的结论，那就是詹姆斯·巴尔杰不幸的命运，不是取决于谁在最后时刻见到了他，而是有多少人见到了他。

公平地讲，除了这 38 个人之外，还有更多的人部分见证了他的遭遇。

首先，是商场的安全摄像头拍到的那些购物者；此外，还有那些在当天遇到了那3个孩子，但没有意识到这一点的人。毫无疑问，肯定还有其他的目击者害怕站出来，因此没有出庭，没有承担起自己在小詹姆斯的悲剧中应负的责任。但是，“利物浦的38人”这个称呼太过具体而引人注意，因此流传了下来。

群体的力量能否解释他们的不作为？仔细地检视这38个人，找不到什么非正常的性格或是个人特质，可以解释他们的行为。

戴维·凯伊（David Keay），一位33岁的出租车司机，当时停车在购物中心外，看到了年长的孩子们拉着不情愿的小詹姆斯的胳膊，却假定这是因为詹姆斯是一个倔强的孩子，在购物中拒绝走对于2岁小孩来说太长的路程。

凯瑟琳·理查森（Kathleen Richardson），45岁，透过公交车的窗子，看到了两个大孩子架起詹姆斯走路，让他在空中摇晃。她记得自己曾大声质问，什么样的家长会允许这么小的孩子自己出门，即使跟着两个哥哥？

马克·平布利特（Mark Pimblett）是一家干洗公司的司机，看到了其中一个大孩子踹詹姆斯。他当时注意到了，但是后来解释说，自己从没意识到这是一起正在发生的绑架案，因为“大孩子做这种事很常见”。

伊丽莎白·麦卡里克（Elizabeth McCarrick）刚接回了自己7岁的孩子，她曾听到两个10岁孩子与一位女士谈论如何去警察局。当他们走向了错误的方向时，她把他们叫了回来。这两个孩子解释说，他们在购物中心发现了詹姆斯，要把他送到警察局。可为什么他们离购物中心如此之远？为什么在有人指路之后他们依然走向了错误的方向？这些问题令她感到困惑，于是她拉起了詹姆斯的手，说她会陪他们一起去。但其中的一个孩子坚持说，他们可以自己解决问题，于是她放弃了。

很简单，“利物浦的38人”身上并没有什么不正常的地方，有男人也有女人，有年长的也有年轻的，他们是这个比较平淡无奇的社区居民中比较有代表性的样本。读过他们的证词之后，他们对于所见情况的反应，变得合理多了。你可以理解，为什么有人会假设这几个孩子是一起回家的兄弟，确实，他们太年幼了，不应被独自留下来，不过也没有什么紧急的危险需要出手干预。

他们的证言也许可以让我们回忆起自身的经历，在那些经历中，我们也没有积极地探究身边所发生事情的真相。例如，我们听到了大声的争论，会假设这是一场有所克制的家庭内的口角。或者，公园长椅上坐着一个迷失方向的人，但是看起来没有人对他的命运有一丝关心。也许正如我们所怀疑的，这些并不是紧急的情境。但也可能是。

不久之前，在操场上陪女儿的时候，我被动地坐在那里，看着一个10岁的小孩在一个5米高的攀爬架上反复地爬上跳下。虽然罗马尼亚的体操裁判不会给他的落地动作打高分，但他也没有受伤。在我看来，他的活动有些太过危险了，不过我为什么要干预呢？我猜，他的父母就在附近某个地方。

诚实地讲，我可以很容易地想象，自己也是“利物浦的38人”中的一员，在路上遇到了詹姆斯·巴尔杰和绑架他的人而没有出手干预。难道你不会这样吗？

“利物浦的 38 人”不只是一个吸引眼球的绰号，这个绰号也可以让人感到宽慰。它把这些目击者归入了一个单一的、缺乏同情心的集体，用一个具体的地点和一个具体的数字来界定他们。我们没有在那一天辜负了小詹姆斯，辜负他的是英格兰某个城镇里数量具体的一批人。这个称呼让我们可以想象出一幅图景，即 38 个心碎的人从人群中悄悄溜走，逃到边缘的地方，在羞耻中度过余生。

然而，我们已经看到，在这些人身上并没有什么特别之处。进一步的检视表明，他们的不作为也不大可能是利物浦人才有的独特反应。如果想让“利物浦的 38 人”变成冷漠无情的代表，那么他们饱受质疑的表现，应该是特定的时间和地点发生的非常规行为。

但事实并非如此。

2007 年 10 月的一个早晨，加拿大皇家骑警的巡警克里斯托弗·沃登（Christopher Worden）正在西北边境的一个小镇中巡逻。因为看到了可疑的行为，沃登叫住了三个男人，其中的两个人当时已经坐上了一辆出租车的后座。第三个人在车外，表现得非常害怕，逃进了树林里。沃登徒步追赶他。几秒钟之后，枪响了。

在附近的一座房子外面，三位妇女告诉警察说，她们看见警官冲进了林子，听到了枪声，后来没看到有人走出来。一个男子在附近的一栋楼里睡觉，被枪声惊醒后，他爬到窗户边，瞥见了一个市民正在逃离这个区域。那位出租车司机也见证了追击的发生，认为枪声来自警官的枪，于是决定继续开车，把剩余的乘客送到别处的目的地。加在一起，一共有七八个人听到了枪声，其中部分目击了追击。但没有一个人报警。两个小时之后，直到调度员因为沃登一直不回应自己的呼叫而感到担心，一位警官才在树林里发现了倒在血泊中的他。当晚沃登就去世了。

一年之前，在澳大利亚的墨尔本西部，35岁的电脑商店员工张娟（音译）被她的未婚夫报告失踪。像每晚一样，张娟离开一家零售店，开车把当天的9 000澳元现金收入送回区域办事处。她一直没有到达目的地。第二天早上，警察在店后的员工停车场里，发现张娟的眼镜落在一摊血迹中。几天后，在城镇的另一边，她的尸体在自己车的后备箱里被发现。

调查人员确认，当时有一个同事在停车场里等张娟，因此可能是他抢劫了张娟。她做出了反抗，导致了超过60处防御性的刺伤：22处在她的手上，10处在脖子上，还有34处在头上。杀害张娟的人承认，她抵抗了很长时间，其间反复呼叫求救。实际上，他承认自己把张娟塞到汽车后备箱里后，开到了一条辅路上，等她的叫喊停止之后，才开回家清理。警方找到了至少八个目击者，他们都听到了停车场传出的“令人毛骨悚然”的尖叫。张娟在她自己车的后备箱里流血而亡的过程中，没有人拿起电话报警。

确实，与“利物浦的38人”不同，这些案例中的旁观者见证的是一场正在进行的暴力冲突。他们可能顾虑自己的安危，而且恐惧可能阻碍了任何出手干预的本能倾向。但是，就像在真实生活中，旁观者的不作为不只限于某个特定的国家一样，它也不限于暴力犯罪的范畴。请考虑一下埃里克·斯蒂尔（Eric Steel）2004年拍摄的纪录片《桥》（*The Bridge*），它记录了旧金山金门大桥上的自杀者。影片在金门大桥上拍摄了一整年，拍下了将近24起不同的自杀事件。有些是用长焦镜头拍摄的，只有通过一片几乎不可见的水花，你才知道自己刚刚看到了一例实际的死亡案例。其他的则用特写拍摄，让观众在令人不适的近距离上，看到另一个人生命最后的痛苦瞬间。

这部影片之所以如此备受争议，一定程度上是由于这些自杀都发生在公开场合，发生在大量游客、骑车人和乘客之中。特写镜头将一个人的死亡和桥上其他人的日常活动并列呈现，创造出了一种超现实主义的效果。凯文·海恩斯（Kevin Hines）是2%的幸运儿之一，从桥上跳下但幸存了下来，他描绘了这两个世界的交汇。当时他是一个19岁的抑郁症患者，从桥上跳下之前在那里待了40分钟。奇怪的是，尽管他当时“痛哭流涕”，在一个自杀高发地表现得很痛苦，当时有几百人从他身边走过，却没有人想到确认一下他的情况。

终于，一个路人停了下来。她想让海恩斯帮自己拍一张照片。

在影片中，海恩斯描述了自己在这一刻的想法：“喂，我想要自杀啊。你有什么毛病？你看不到我在流眼泪吗？但是她看不到。她沉浸在自己的世界中。”

海恩斯按照要求拍了照片。然后他还回相机，爬到栏杆上，跳了下去。

地点，地点，还是地点

群体会抑制助人行为，这导致了一个反直觉的结论：如果你的汽车没油了，最好是停在一条人烟稀少的路上，而不是在一条繁忙的高速公路上。在后一种情况下，周围有几百辆车，这给了每个司机一个很好的借口，让他们能心安理得地从你身边开过。独自一人的司机，在安静的辅路上，看到你的车子停下来，就没有这种借口了。因此，在获得帮助方面，地点会起到巨大的作用。

也许正是这一点，让你有一种冲动，把那些窝在自己家里的旁观者看作城市独有的现象，这种问题出现在城市的街道上、拥挤的大桥上以及繁忙的购物中心里，但是不会出现在别的地方。确实，研究者曾走访美国36个城市，评估哪里的人最有可能帮忙捡起掉落的物品，或是帮助盲人过马路，结果发现一个地方的人口密度越大，能观察到的助人行为也就越少。在旅行时，尽量让汽车的问题发生在旅途中段，因为在查塔努加市（Chattanooga）和堪萨斯城（Kansas City）寻求帮助要比在费城和洛杉矶更容易。

对于这个发现，一种解释是，周围的人越多，便有越高的概率将紧急情况视为不紧急的，并将责任推卸给他人。这里起作用的还有一种更基本的感知过程：城市在认知方面非常消耗资源。暂时不考虑错误地将事件解读为不紧急的，也不考虑责任的推卸，在拥挤的环境中，我们对于发生在自己周围的所有事情都会变得不敏感。

城市里发生着如此多的事情：大量的人，尖叫的汽车喇叭，闪烁的灯光，像自杀一样开车的出租车司机，不知哪里飘来的奇怪味道，还有其他一些东西。从感知角度来讲，要想接收所有这些信息，既不太可能，也不推荐这样做。面对着感知过载的情况，城市的居民必须设置优先级，决定哪些东西是必须被注意的，哪些是可以忽略的。经验丰富的城市居民会在感知方面建立起百叶窗，专注于眼前的目标，阻断其他东西。

这种城市里的隧道视觉，让我们可以有效地在城市中生活，但是也带来了一些副作用。如它让我们放弃注意的广度和记忆，甚至有研究发现，在公园或自然保护区里走一走，可以让我们恢复认知功能。在密歇根大学最近开展的一项研究中，被试完成了一项任务，研究者要求他们用逆向的顺序重复一串数字。如果被试刚刚从植物园里穿过，那么他们的表现要比那些刚刚走过了一段拥堵的城市街道的被试更好，后者大概仍然关着他们的“百叶窗”。

城市的另一个副作用是，人们会变得更少注意到那些需要帮助的人。对于情境的力量来说，纽约城市大学的心理学家斯坦利·米尔格拉姆（Stanley Miligram）[①] 的研究可能是在科学方面的最有名的展示，你在后面会读到更多关于他的内容；他这样描述城市的这种感觉加工过程："在一座大城市中，对于行善的冲动，存在一些实际的限制。如果一位市民照顾每个有需求的人，如果他对于在城市中激发的每一次利他冲动都很敏感，并付诸行动，那么他就不太可能处理好自己的事情了。"

不过，我必须警告你，不要过度曲解这些关于城市的结论。理解助人行为，并不等于投资实业，重要的不只是地点、地点、地点。请再一次考虑对纽约人骨子里不愿意帮助人的指责。恰恰相反，以我为例，当我在曼哈顿繁忙的人行横道上，试图阅读街道地图时，许多人会大声向我提供有帮助的建议。尽管这些建议大多数或者不适宜出版，或者在比例上是不可能的，但是其中有一个建议让我在51街区和53街区附近，发现了这座城市里我最喜欢的贝果。当时我和一个朋友在讨论去哪吃午饭，我们以为谈话只有自己能听到。

就是这样。

此外，请记住，在前几页里，我给出的例子发生在世界各地：英国、加拿大、澳大利亚和美国的加利福尼亚州。无所作为的潜力并没有地理上或文化上的界限。对于每一个城市居民没有彼此帮助的故事，都可以找到像沃登巡警这样的故事与之对应，这位巡警在树林里流血而死，而他所在的小镇有4 000人。但对乘客在地铁上死去的报道，在同一段铁轨上，就有一位纽约人不顾生命危险，拯救了一个跌落的孩子。地点影响了我们的想法和行为，

① 米尔格拉姆是美国著名社会心理学家，组织了非常知名的服从权威实验。该实验的过程在《好人为什么会作恶》一书中有详细介绍，该书中文简体字版已由湛庐引进，浙江人民出版社出版。——编者注

但它们没有定义我们是什么样的人。

那么，我们能否至少将旁观者的不作为视为特定时代的产物？我提到的例子发生在过去 20 年间，在这段时间里，科技让社区之间象征意义上的距离大大缩短，但同时也让远离外部世界变得更容易。在现如今的候车室、电梯和通勤列车上，你能看到的耳机数量要多于谈话的人，更多的人玩着手机，与其他人没有任何眼神上的接触。也许是我们的高科技文化造就了“利物浦的 38 人”以及他们的行为？如果回到以前那种公社式的岁月，我们过去那种关心其他人的热情能否重新被点燃？

唉，旁观者的不作为并不取决于时代，就像它不取决于文化或地域一样。对于这一点，最臭名昭著的例子可能发生在 50 年前，在纽约市皇后区一座公寓楼前。1964 年 3 月的一个清晨，刚刚过了 3 点，一名攻击者从后面抓住了凯瑟琳·“小猫”·吉诺维斯（Catherine “Kitty” Genovese），并刺伤了她，然后逃之夭夭。吉诺维斯一边尖叫着求救，一边摇摇晃晃地走向她的公寓。她没能走进自己的公寓，而是进入了另一栋楼，倒在了大厅里。10 分钟后，因为警方没有响应，攻击者变得大胆起来，又折返回来，继续攻击了吉诺维斯半小时。直到凌晨 3：50，警察才终于被叫来，通知他们的是一位担忧的邻居，时间至少已经是袭击发生的 35 分钟之后。

吉诺维斯死在了去医院的路上。《纽约时报》上关于凶手的文章是这样开篇的：“在超过半个小时的时间里，38 位受人尊敬的、遵守法律的皇后区公民，目睹了一个杀手在三次不同的袭击中，悄悄接近并刺杀了一位女性。”没错，由于数字上的巧合，利物浦并不是第一座出现了 38 位冷漠无情者的城市。

后来证明，许多关于谋杀案的报道，包括最初《时代周刊》的文章，都有些误导人。实际上，调查员只找到了 12 位目击证人，他们承认自己部分地听到了或看到了袭击，而几乎没有人目睹了事件的整个过程。文章所暗示的东西并不真实，并没有 38 个人默默地站在窗前，像看血腥电影一样冷眼旁观。有几个人并不知道发生了犯罪；很显然，在清晨听到下面街道传来骚动的情况并不罕见，因为他们离几个酒吧很近。很多目击者对于自己没能出手干预，给出了合理但也许有些单纯的解释，就像 30 年后那些英国人一样。

尽管对于吉诺维斯的谋杀案的报道，很快变得很夸张，而非历史性的记录，但是这起著名的案件，依然表明旁观者的不作为超越了地区和时代。"利物浦的 38 人"并没有变态的性格，也不是在特殊时间和地点发生的悲剧。

把握情境，战胜冷漠

影响助人行为的情境因素有很多，特点各不相同。这些因素中有许多都与身处群体之中有关，这种体验会影响我们的感知，减少我们的责任感，让我们更不容易采取行动。群体让我们更不容易意识到眼前的情况十分紧急。此外，试图在地铁上叫醒半昏迷的乘客，或者干预一对夫妻大声而私密的争论，这些行为本身就有风险，而在一群人眼前做这些事情，更增加了在公开场合遭遇尴尬的危险。不作为通常是最稳妥的办法。

在是否助人的决定背后，有着风险 / 收益的分析，这种想法让一些人难以接受。此外，助人行为取决于情境，这个更一般性的结论，看上去也令人不安。我们希望道德水平像每天的报纸一样，非黑即白，并且不会在破产的边缘挣扎。但是，现代社会对这个比喻中的两样东西，都提出了更大的挑战。

不过，这种认识在让人猛然惊醒之外，还提供了新的机会。助人行为不仅取决于性格，这种理解为我们战胜冷漠无情提供了新的方法。我并不是在暗示像立法这样正式的东西要做什么改变。你可能还记得，1997 年戴安娜王妃去世之后，在政治家和电视剧编剧群体中，都曾掀起一场热潮，呼吁建立“好撒玛利亚人”法律。但是，在许多欧洲国家，包括戴安娜车祸的发生地法国，当时已经规定了在紧急情况下实施救援是一种法律义务。

与此相反，我想说的是，在了解到我们不作为的本能倾向之后，可能会遇到一些更加个人化的顿悟体验。请看看下面这封邮件，它来自我的一个学生：

> 今天你的课结束不到 20 分钟之后，我在食堂看到有人的食物掉在了地上，我为她感到难过。我在心里问自己，如果萨默斯教授遇到这种情况会怎么做？哈哈，其实，听过这堂课之后，我不可能不帮助她。我帮她买了份新的，甚至还愿意帮她清理垃圾，要知道我可是一个素食主义者，我不喜欢接触带肉的食物。

或者，更极端的例子，看看一个以前的学生发来的邮件：

> 你也许不记得我了，我 4 年前上过你的课。我要告诉你一件事。昨天凌晨两点左右的时候，当时我正在开车回家，前面的车开始拐向路边。我猜他可能想停车睡一会儿，或者去厕所，或者干其他什么事情，但开过去之后，我开始想起以前在课上学过，有些人会从紧急状况旁边径直开过，不施以援手。于是我掉转车头……那家伙看上去不大好。我敲他的玻璃，但是他一动不动，于是我拨打了 911。他们最后用急救车把他送走了……坦率地讲，我已经很久没有想起任何大学课程了（没有冒犯的意思☺），但当我意识到自己正在做的事与之前读到的那些人一样时，就不可能继续往前开了。

了解到人性背后真正的影响因素，这种体验可能会改变你的人生。情境的影响力经常就隐藏在你的眼皮底下，因此一旦你的注意力被它吸引过去，就很难再回到旧的行为模式上。不论我的学生们是否有这样的期待，他们新学到的与冷漠无情和助人行为有关的知识，将一直与他们相伴，并一直影响他们看待世界的方式。

这会给在我的课上睡觉的家伙一个教训。

我也有过类似的顿悟，不过不可否认的是，它没有达到车祸这样戏剧化的程度。让我妻子懊恼的是，在电影院看电影时发现放映机失焦之后，我不会再耐心地坐在那里。我会起身报告这种情况，然后跑回座位，这样不会错过影片的太多部分。让我妻子感到好笑的是，在我们这个人口稠密的街道，路灯坏掉之后，我坚持给市政厅打电话。我并不是想赢得一块市民荣誉奖章，我已经知道的太多，不会再认为别人也能注意到这个情况，而不向有关部门报告了。在这些日子里，即使身处群体之中，我也不会让行动的压力分散到别人身上。在读完本章之后，我希望你也能如此。

如果有谁认为这种情境分析具有误导性，只是为那些人的不作为提供借口，那么请回忆一下我的学生发来的邮件。本章的目的并不是审判那些被动的旁观者，而是更好地理解，是什么让我们所有人都表现出冷漠和不作为。通过这种考察，我们可以更深刻地理解人性，也可以让自己消除那些天真和错误的假设，正是这些假设在最开始导致了不作为的惰性。**我们越理解助人行为的情境障碍，就越能够避免它们；了解旁观者的冷漠，让我们成为被动的旁观者的可能性更小。**

换句话说，下次你再遇到看起来需要帮助的人，就不太可能置之不理了。

现在你知道的太多了，不会再满足于自己的不作为了。

拥抱情境的力量，不只可以提高我们的社会意识，通过学习助人行为的真相，也可以帮助你完成战略性的，甚至是自私的目标。理解背后的相关因素，克服不作为，可以促使人们从无动于衷转向采取行动，并收获这种转变带来的好处。因此，阅读本章的内容，可以让你在身处群体之中时变得更有说服力，并且变得足智多谋。

如何能够防止你周围的人表现冷漠？你如何才能激励你的听众、雇员、学生和消费者，让他们克服他们的基本倾向并采取行动？首先，无论是在虚拟空间里，还是在现实生活中，都可以避免前面提到的群发邮件现象。即使我的课选课人数超过了一百人，我还是会努力去记住每个学生的名字。我没有什么秘密的记忆技巧，或是聪明的助记方法，我完全是凭借毅力和死记硬背。为什么要这样？因为如果我知道了他们的名字，就能让他们身处在庞大的听众群体中时更加安静一些。

我的目标并不是让这些学生在我遇到紧急状况时，更容易站出来帮忙，这个目标注定无法达成。他们已经目睹过我碰掉废纸的表演，课上还讲了一个又一个的研究，这些研究使用了伪装癫痫或是充满烟雾的房间这样的手段都没能让人们有所作为。我很确信，如果我真的在课堂上犯了心脏病，他们全都只会盯着我，心怀宽慰地认为这只是一个幌子，还有一架隐藏的摄像机在暗中录像。

我记下他们的名字，是为了让他们在面对与课程相关的更加平常的、非紧急的情境时，不会表现得冷漠。我想让我的学生为自己的表现负责，既为了我，也为了他们自己。如果你感觉没人注意自己，就很容易不去读课后阅读材料，或是在讨论中被动地坐在那里。如果你意识到了老师知道你是谁，并且能够注意到你开小差，那么就更不容易置身事外了。我发现，害怕被叫到时无话可说的这种恐惧在激励学生方面具有无与伦比的效果。

在我看来，不知道学生的名字，会带来更多的损失。在教学圈里流传着一个传说，讲的是有一个学生胆子很大，无视了严厉的警告，没有按时提交试卷。当他终于带着试卷出现在办公室时，教授自鸣得意地说，他不会判这张试卷的。学生回应说："你知道我是谁吗？"教授感到很尴尬，没有回话，于是学生又问了一次："你知道我的名字吗？"当教授承认说他不知道时，学生面无表情地说："我也觉得你不知道。"然后把自己的试卷塞到了桌上的一叠试卷当中，转身离开。我在教学中就从来不用担心这个问题。

在课堂之外，你还可以学到如何通过操控情境，来获得自己需要的帮助。如你所知，关键在于打破群体带来的匿名性和模糊性障碍。

下一次你急需帮助时，最好的办法是直接问一个具体的人。仅仅是表现得有需要并不会奏效，而一般性的请求也不够。

SITUATIONS MATTER

亚利桑那州立大学的心理学家罗伯特·西奥迪尼（Robert Cialdini）在他的《影响力》（*Influence*）[①] 一书中提供了很棒的例子。这本书主要取材于他对汽车销售员和广告从业者等专业人士的观察，非常有用而且有趣，可以告诉你如何让别人做你想让他们做的事情。下面是西奥迪尼关于如何获得紧急

① 西奥迪尼的《影响力》和《先发影响力》两部著作的中文简体字版已由湛庐引进，北京联合出版公司出版。——编者注

帮助的建议。

将一个人从人群中隔离开，盯着他，和他讲话，直接指着这个人说："这位先生，穿蓝色夹克的那位，我需要帮助。叫一辆救护车。"通过这种表达，他应该会理解到你需要紧急援助；他应该会理解到，他自己，而不是其他的某个人，有责任提供援助；最后，他还应该明白如何提供这种援助。

在莎莉·史特瑟斯（Sally Struthers）的慈善广告里，也使用了这种技巧。在这些广告中，她请求观众每天捐一点小钱，资助一个孤儿。这些广告清楚地表明援助的必要性。募捐者告诉个人捐献者，他们确实能做点什么。接下来，募捐者向人们准确地展示了应该如何做，具体到准确的美元数额。这些因素都可以将助人行为渲染成一种更加理性的、切实可行的行动，可以带来确定的好处。

不过，这些宣传最精明的地方也许在于，它们展现了一个可以从援助中获益的具体的接收者。这些广告承诺，捐助者可以从受资助的孩子那里收到照片和个人信息，在一些情况下甚至有机会通信。这些慈善机构清楚，在一个匿名而且不露面的群体面前保持冷漠，要比在一个具体的人面前更容易。我们对大规模损失的抽象统计数字会相对麻木；但对有人情味的个人化报道，会有更加情绪化的反应；还有什么别的办法，能够让后者代替前者呢？总的来说，这些慈善资助项目使用的策略非常成功：史特瑟斯曾为"救救孩子"（Save the Children）团队做过广告，帮助这个团队获得了超过 2.4 亿美元的年度私人捐款。

我们内心关于助人行为的考虑，会受到帮助对象的影响。

SITUATIONS MATTER

我们更容易帮助那些长得好看的人，或者微笑的人。此外，还有一项研究结果，大概会增加你对利他观念或是人性本善的怀疑。这个研究发现，在欧洲，男性司机更愿意搭载胸大的女性搭车客。这个研究发表在《知觉和运动技能》（*Perceptual and Motor Skills*）这本学术期刊上，如果你为此感到惊讶，嗯，你显然没看过这本杂志的年度泳装特刊。

请告诉我，这样的研究对于你来说，实际的帮助是什么？再一次地，获得帮助的最好办法，不是试图预测你周围的人有哪个最愿意帮助人。相反，关键在于操控情境。就像任何说服他人的尝试一样，如果你想要寻求帮助，就需要销售式宣传。

为什么慈善组织在宣传时会放上儿童的照片？因为孩子很可爱、很脆弱，看起来值得我们帮助。认为某人值得帮助，足以让观察者的考虑倒向助人的一边。例如，在评估一位虚构的艾滋病患者的时候，如果他染病是因为输血，而非不受保护的性行为或是药物滥用，那么被试就会表现出更多的共情。在前一种情况下，他们会认为对象值得帮助；在后一种情况下，他们告诉患者说他要对自己的命运负责。简而言之，受助者的特征要比助人者更重要。

你不应该把精力花在确定哪一类人更愿意提供帮助上，而是应该让需要帮助的人尽可能看起来值得同情。

SITUATIONS MATTER

因此，无论你是想提升公众对于一起人道主义危机的意识，还是想找人帮你换轮胎，请记住，情境很重要。从所在的社区到事情发生的时间，从群体的大小到胸部的大小，一系列情境因素会影响我们对于助人行为的考虑，甚至决定我们一开始能否注意到有人需要帮助。

如果你需要帮助，请直接一些，锁定具体的人；让你自己尽可能表现得值得同情；用尽一切办法，来消除匿名的可能性以及责任的分散，它们可能会让你的求救无功而返。

此外，如果你在外面走动，请时不时地摘下有色眼镜，调查奇怪的声音，或是可疑的行为。不要认为其他人会处理这种情况，或是认为，如果没有人因为过高的回报率而感到警觉，那么这就不可能是一个庞氏骗局。对于所有人来说，错误地拨打了“911”电话，也比依赖“我确信万事大吉”这种盲目的假设要好。

如果你还坚守着“所见即所得”，那么这些结论对你就没有意义。你需要放弃过去的思维方式，不能将人们简单地划分为本性愿意帮助人和本性不愿意帮助人两种；不论这种稳定的世界观如何令人宽慰，只有放弃了它，才能获得这些像我的学生一样的顿悟。你现在有了更好的认识：**你不需要等待正确的人出现，如果正确地操控了情境，你几乎可以将任何人变成好的撒玛利亚人。**

UNDERSTANDING HOW CONTEXT TRANSFORMS YOUR WORLD

SITUATIONS MATTER

03

跳出情境，拒绝从众

想象一下，你与其余 5 人共同坐在一个完全黑暗的房间里，参加一个视觉测验。在你们身前几米，有一小点亮光闪烁了几秒钟。你们的任务是估计亮光移动了多远。

你已经非常确定亮光根本没动，但大家轮流说答案时，有人说亮光移动了 3 米，有人说 5 米，还有人认为亮光已经在这几秒内移到了 10 米外。

现在轮到你了。你会怎么做？你会背离群体，坚持己见，给出你知道是正确的答案？还是会和其他人保持一致，给出一个接近平均值的数字？

卡梅隆·休斯（Cameron Hughes）是一位人群秘语者。

根据许多畅销书和电视节目的说法，我们正生活在一个“秘语”的黄金时代。据称，有一大批自学成才的专家，能够经常与马、狗、婴儿甚至鬼魂交流。卡梅隆·休斯也有一套独特的本领。他可以讲一种成年人类所使用的秘密语言，但其实这种语言也没有那么神秘。他学会了如何去“解读”一种狂野的、不可预测的怪兽，并使它们服从自己的意志，这种怪兽就是群体。

休斯的工作是点燃体育比赛观众的热情，以此作为谋生手段，他确实赚了不少钱。过去的10年里，他参与了将近一千场比赛，服务过的雇主包括各种大联盟的豪门俱乐部，如美国职业棒球大联盟的洛杉矶道奇队（Los Angeles Dodgers）、美国职业篮球联盟的克利夫兰骑士队（Cleveland Cavaliers）和美国国家冰球联盟的新泽西魔鬼队（New Jersey Devils）。在2010年的冬奥会中，主办方通过聘请他让男子和女子冰球比赛的观众陷入了狂热状态。在那两周里，休斯的日程表安排得满满当当：如果他不是在30场比赛中的一场里助威和鼓掌，就是在药店寻找润喉药，或是在网上学习芬兰语的加油方式。

休斯公开的个人档案总是将这位友善的加拿大人称作一个“超级粉丝”，或是一个“职业体育迷”。但是，这些描述并没有公平地反映出他的精妙本领。休斯能够熟练地操控群体。他是一位专家，善于通过操纵情境来影响群体的行为。

就像许多重要发现一样，休斯是通过不断地试错，还有一点运气，才偶然掌握了这种本领。而且，还少不了酒精的帮助。15 年前，他在渥太华观看一场美国国家冰球联盟的比赛，身边主场参议员队（Senators）球迷的举止太过沉稳安静，令他感到沮丧，而他又多喝了几杯加拿大的摩森（Molson）啤酒，这给了他勇气。于是，他在通道里上演了一出狂野的即兴表演，混合了舞蹈、跳板操和啦啦队舞。回首往事，休斯说他当年的行为是“抽了疯”。但当时人群用同样的方式回应了他，几乎一瞬间，场内氛围就从安静而疏离，转变成了喧闹而热情。

休斯精疲力竭地坐回自己的座位。当带着对讲机的球队工作人员走上来的时候，他觉得自己要被驱逐出球场了。与此相反，他们付给他几百块钱，请他下周再来一次。

我最近与休斯交谈了一次，更好地了解了他究竟用了什么办法，以及这些办法为什么如此有效。在对话的一开始就可以很明显地看出，尽管休斯大部分的工作时间都是在鼓掌、跺脚、诵念以及自我夸耀，但他是一个对待工作非常严肃认真的人。现在，他在表演之前不会再喝酒，而是仔细地计划和演练，还要做一整套伸展运动，绑上护踝。

例如，尽管休斯将自己视为一个娱乐人员，但他并没有自比为著名喜剧演员威尔·费雷尔（Will Ferrell）。令人惊讶的是，他将自己的工作比作指挥交响乐。没错，休斯更像是皇家爱乐乐团的指挥，而不是美国职业棒球大联盟费城人队的吉祥物费纳宝（Phillie Phanatic）。“我已经成了一个专家，就像交响乐团的指挥一样，”他告诉我说，“我所做的事情，就是通过精心的计算，让人们采取行动。”

我们的对话让我明白，休斯的成功有三个关键因素。第一个关键是，他能让群体的力量完全颠倒过来。休斯让身处群体中的体验，从抑制行动，变成了促进行动。上一章关注了前一部分，当我们看到身边的人自得的状态时，会产生一种不作为的惰性。但是，人群也可以让我们做出相反的举动。在群体中，我们不仅能进入不作为的状态。也能进入行动的状态。从单身汉聚会上的狂欢者身上和参加乡村摇滚歌手吉米·巴菲特（Jimmy Buffett）音乐会的家庭主妇身上，我们都能看到这样的例子。

有的时候，只需要一个人，就能启动这种社会影响；只需要一个人，就可以改变群体对于被期待和可接受的行为的知觉。当然，做第一个采取行动的人，并不是一件容易的事，但这就是休斯发挥作用的地方。“身处群体之中，一旦有一个人行动了起来，你要知道，它会具有传染性，”休斯向我解释道，“就好像每个人都在等待着另外一个人做点什么……就好像每个人都在等待着欢呼的许可。”

换句话说，休斯的策略就是成为第一个冲破堤坝的人。一旦他这样做了，一股顺从的潮汐巨浪就会跟随着他。他让自己的行为达到了完全狂热的、忘我的高度，从而尽可能地让别人追随他变得容易。穿着一层一层的T恤衫跳脱衣舞，已经成了他表演中的主菜，与此相比，下面两排球迷有节奏地鼓掌看起来就不算什么了。从本质上讲，休斯是通过卖蠢来施加影响的，他的行为会让观众产生“如果这家伙能让自己变得这么蠢，我想我至少可以站起来欢呼”的想法。正如他向我承认的：“我在比赛中做的事确实很蠢，但这就是我的计划。”

不过，我要向各位研习情境的同学提出一些反对意见，我认为恰恰就是因为休斯看起来很正常，他才能取得如此大的成功。确实，这就是他成功的第二个关键：他看起来像是一个平凡的普通球迷。他没有装扮成吉祥物，也没有戴上超级粉丝的面具和斗篷。休斯的穿着打扮就像所有其他观看比赛的人一样，但是有一点不同，那就是前面提到的一层一层的T恤衫，所以毫无疑问的是，他最喜欢的工作地点是凉爽的冰球场。

休斯表演的大部分影响力来源于大多数观众认为他也是一个球迷，而不是主场队的雇员。啦啦队长和吉祥物会被期待如此表现，普通的观众则不会。休斯之所以能够带动球场的氛围，是因为他让球迷把他视为自己中的一员，视为群体的一部分。实际上，他的一些核心团队成员曾提醒他，不要参加访谈，因为他可能会“泄露天机”，让人们注意到他的雇员身份。

最后，休斯意识到，他的吸引力很大一部分来自他的大众脸。不管怎样，人们看到他就会想起他钟爱的脱衣舞，这种脱衣舞一点都不带色情意味，即使是老奶奶也可以欣赏。表演者是一位身高1.9米的红发大汉，据他自己的描述，不是“苗条的模特类型”。他不是《周六夜现场》（*Saturday Night Live*）里的喜剧演员克里斯·法利（Chris Farley），但也不是20世纪90年代早期的帕特里克·斯韦兹（Patrick Swayze）。

休斯成功的第三个关键，是他在操控情境方面是一位大师，他的手段完全符合本书全篇所揭示的内容。在开始他独特的职业路线时，他的职业准备包括去体育场研究人群。他会注意哪些人成功地点燃了人们的热情，哪些人则失败了；他学到了什么时候适合发起人浪，什么时候适合坐回座位，将关注焦点回到比赛本身。“与人群在一起，你要阅读他们，体会到什么时候他们需要人浪，什么时候他们还没做好准备，”他告诉我说，“没有什么事情，要比发起欢呼但没人响应更糟糕了，对我来说更是如此，因为我是以此为生的。”

在整个表演过程中，无论他的状态是像健身专家理查德·西蒙斯（Richard Simmons），还是流行音乐歌手小理查德（Little Richard），用休斯自己的话说，他都在忙于“读人”。他们的肢体语言，他们潜在的非言语交流，这些是我们许多人在日常生活中都会忽略的线索。他依据这些信息，来决定是向前推进，还是后撤一些，判断是否可以捉弄一下某个特定的球迷，还是应该用自嘲的方式娱乐大众。在每个工作的夜晚，他既会评估单个球迷的反应，也会考虑整个群体的热度。

卡梅隆·休斯并没有以“所见即所得”的角度看待世界。对他来说，观众是谁并不重要，他有信心把他们都搞定。当然，其他人仍然会认为他有一些稳定的秉性。许多球迷在体育场外撞见休斯，会惊讶地发现他行事很正常，像每个人一样在家得宝（Home Depot）建材店里耐心地排队。人们似乎期待着，他会在涂料区就地开始跳舞，他却说：“我收到了很多聚会邀请……人们期待我总是这样表现。但我做的工作其实非常累人。”想象一下，如果球迷们知道了这一点，会有多惊讶：休斯小的时候“是个非常害羞的小孩，还曾经因为上学哭鼻子”。

在我们谈话结束的时候，我询问了休斯本书的主题之一，即情境的力量是否对他的生活有所帮助。具体来说，我希望知道，他“读人”的能力在体育场外是否也有用，比如他是否擅长恭维客服代表，或借此向交警求情，或是在酒吧里和陌生人搭话。“呃，是的，我很擅长这样。”他咯咯地笑着回答，强调说尽管阅读人群和个人不是同一种艺术形式，但确实是一种交叉技能。他说如果我关掉采访时的录音机，他会证明给我看，我同意了。没有录音的时候，他列举了一些他约会过的女性名人的名字。

相信我，卡梅隆·休斯对于情境的掌握，让他拥有了一本名人通讯录小册子，那与他的职业生涯简历一样令人赞叹。

我们并不总是像自己认为的那样，是一个自由思考、心智独立的个体。

SITUATIONS MATTER

这一章将会探索，为什么虽然你幻想自己是命运的主人，但周围的人对你的思想和行为，仍然有着巨大的影响。前面的一章已经涉及了这种从众的倾向，关注它在令人不作为方面起到的作用。但是，正如被点燃热情的体育迷能够切身体会的那样，身处群体之中还可以提供力量，驱使一个人采取行动，而且经常是我们自己根本无法想象的行动。

这种社会影响，有一部分是愚蠢但无伤大雅的，如突然流行的男士七分裤，或是用州名或行政区名为婴儿命名。还有众所周知的，大学生会在群体中做的那些鲁莽的事，如举行兄弟会入会仪式，或是在同辈压力、激素或是酒精的驱使下，在假期里做出的那些冒险行动。或者像我听到的，在我大学混过的社交圈子里，许多人会关掉餐厅里冰激凌机的冰箱，然后看着一个又一个的学生拉下操纵杆，被融化了的冰激凌喷一身。

不过，让我们也考虑一下从众倾向更加糟糕的一面：它在糟糕的政治决策甚至是大规模屠杀中，所扮演的重要角色。我们会立刻将这样的行为归咎于变态的性格，是几个坏家伙的恶行。但是，这是一种“所见即所得”的想法。这种想法让我们不必考虑更加广泛的情境和制度压力，但情境和制度压力在这些恶行中也起到了作用。在现实中，苹果通常并不是无可救药的坏，腐烂的是桶本身。

因为，既然卡梅隆·休斯能够利用群体的力量带来健康的乐趣，那么独裁者也可以掌握同样的原则，服务的却是不那么高尚的动机。我们从众的偏好让社会可以维持平稳的运作，但是它也可以成为更加邪恶和毁灭性的阴谋的幕后推手。正如我们从《星球大战》电影中看到的原力那样，这种力量总有黑暗的一面，即使在群体中也是如此。

痛苦最小的行动方式

我们的日常生活有很大一部分是被规范所支配的。这些规范是一些社会期望，它们决定了什么是合适的行为，我们只有遵守这些不成文的规范，才能成为声誉良好的社区成员。

经常去各地旅行的人可以感受到，尽管在各个文化中具体细节有所不同，但是在所有的文化里，不成文的规范都会以这样或那样的形式存在。规范决定了我们面对大众时如何表现；规范决定了我们面对一份华而不实、永远也用不上的礼物时，会如何反应；规范也决定了，面对一个亲密的人、一个不认识的谈话对象或是在取款机前排在前面的人，我们分别会留下多少个人空间。

你越能认识到这些规范的存在，你在社会生活中就会越如鱼得水，并且能更好地操控它们。例如，卡梅隆·休斯的谋生本领，就是改变群体行为的规范，让其他的体育迷鼓起勇气，打破公共场所里对行为的常规限制。因此，为了真正理解人类的从众倾向，我们首先需要理解规范的普遍性，以及它们可能带来的后果。

尽管规范广泛存在，我们却不怎么谈论它们。通常只有社会评论员会关心它们，或是喜剧演员会用“你是否曾注意到……”这样的设问句发问。整个娱乐产业都建立在一个简单的想法上，那就是我们对于规范知之甚少。从细节角度来看，《宋飞正传》每周要花 23 分钟的时间展示各种社会规范：约会过多少次之后，想分手时就必须和对方面对面谈？哪些特别的场合需要礼物，哪些不用？哪些电话太过重要，不能用手机打？薯片蘸酱的正确方式是什么？诸如此类。

与制作方、批评家和粉丝宣称的不同，这并不是一部“没有主题的电视剧”。这部电视剧分析了日常社会生活的前因后果，分析了那些普通的社会经验，很少有人认为它们值得在大批观众面前展示。这不是一部没有主题的电视剧，它的主题就是规范。

《宋飞正传》的共同创作者之一拉里·大卫（Larry David），在 HBO 电视台的《人生如戏》（*Curb Your Enthusiasm*）这部电视剧里，进一步拓展了这一主题。《人生如戏》的全部内容就是，如果我们破坏了规范，会发生什么事情。大卫在这部戏里扮演了与自己同名的主人公，一个夸张版本的自己，在这个角色的眼中，违反规范就是犯罪。在其中一集里，大卫拒绝参观一个朋友的房子，他说：“我知道了……这是卧室、浴室……你不需要陪我到处转。”在另一集里，他在万圣节的时候拒绝给来要糖的孩子们发糖，因为他们没有乔装打扮，而且在他看来，这些孩子已经过了要糖的年纪。

这部戏的笑点在于，大卫愿意做我们大多数人不敢做的事情。但是你必须承认，他的回应有一定的吸引力。我的意思是，你大概参观过几次房子之后，就会发现所有的房子都一样了吧？而且，正如大卫在考虑 40 岁的人能否要到糖前说的，“万圣节应该有年龄上限吧，不是吗？”但是，不成文的规范决定了我们会接受所有参观房屋的邀请，并给所有来要糖的人发糖。破坏这些规范，在拉里身上体现的后果，就是被人从房子里骂骂咧咧地赶出来，以及在万圣节的第二天，发现自己的房子被人用厕纸装饰起来。

在现实生活中，如果违反了规范，可能会受到不同程度的惩罚，从简单的尴尬到社会排斥。请考虑一下日常的闲谈。到成年的时候，我们大多数人都已经知道，泛泛之交的人询问“最近如何”只是一种简单的问候，而非寻求详细的回应。恰当的回应方式其实非常有限，从“还行”到“很好”，还有中庸一点的“不错”。如果回应者给出了冗长的回答，就可能迎来古怪的眼光，进而让交流变得尴尬，或者最有可能的是，下一次再遇到这个人，对方只会沉默不语。

与对话有关的规范，还可以为我们提供更加重要的启示。我第一次以专家的身份出庭作证，是在 2008 年马萨诸塞州科德角（Cape Cod）的一场谋杀案中。这起案件吸引了全美媒体的目光：一位来自富裕家庭的白人时尚作家，克莉斯塔·沃辛顿（Crista Worthington），被人发现遇刺身亡，当时两岁的女儿正抓着她冰冷的尸体。几年之后，克里斯托弗·麦克考温（Christopher McCowen），一位智商不到 80 的黑人垃圾回收工，被指控谋杀了沃辛顿。

在庭审后的一场听证会上，我出席作证。这个听证会讨论了关于几位评议陪审员的种族歧视指控。从表面上看，这些可能与歧视相关的陈述，都是描述性的。据称，一位白人陪审员在评议会中提到受害者的伤势时，宣称那就是“一个 180 斤重的黑人殴打一位弱小妇女的结果”。另一位陪审员在法庭上表达了焦虑，因为他觉得自己坐得离这个“大个儿的黑人”太近了。但是，与公诉人和陪审员自己宣称的不同，种族在这些陈述里，不只是一个简单的描述词。他们之所以如此作证，正是因为理解社会规范。

与对话有关的规范，决定了我们在表述时，会强调那些能佐证自己观点的信息。我们通常不会说出显而易见的东西，或是过分纠缠大家已经知道的细节。在麦克考温的案子里，陪审团中没有人会弄错被告的种族。但是，为什么陪审员在谈论麦克考温有多危险时，都会说“黑人”呢？出于同样的原因，他们还说了“大个儿的”。无论他们是否承认，他们都确实认为，麦克考温的种族与他的危险性有关，否则，为什么要提到这个显而易见的事实呢？

这些陪审员的表述，就好像人们抱怨希拉里·克林顿的外交表现时说的话："这就是你派一个女国务卿到中东的结果。”每个人都知道希拉里是一位女性，但这里的“女”不是一个无伤大雅的描述词，我们这位假想的批评家，一定认为国务卿希拉里的工作表现与她的性别有关。

麦克考温案的陪审员对对话规范的违反，反映出了他们的个人态度。类似地，公诉人决定用一个出其不意的问题，开始对我的盘问：“博士，你是否介意我问问你今年多大？”这个问题泄露了他的动机，那就是让我惊慌，并质疑我的专业水平。我不想让他得逞：我说我不会介意这个问题，只要我也能问他相同的问题。然后，法官插嘴说，上个星期检查他膝盖的外科医生看上去好像刚从高中毕业，让我们跳过了关于年龄的问题。不过，在听证会结束之后，法官再一次站到了公诉方的一边，所以谁知道他的态度到底是什么呢。

这里的假设是，无论是分析情景喜剧的对话，还是谋杀案的庭审记录，规范和对规范的违反，都体现出了人性。我们无法轻松对待那些打破不成文规范的行为。这样的行为会带来各种可能的负面影响，从尴尬到不自然的交流，再到被社会抛弃。近期的神经科学研究表明，体验到被一个群体排斥，即使只是在一场游戏中，别人给你传球的次数不够多，也会激活人们与感受物理疼痛相同的脑区。

> **违反规范，以及随之而来的排斥，让人感到疼痛，这种疼痛有时是字面意义上的。从众，经常是痛苦最小的行动方式。**
>
> SITUATIONS MATTER

正如一位学识渊博的专家曾告诉我的，没有什么事情，要比你发起了欢呼，却没有人响应更糟糕了。

其实你害怕独立思考

看看下图的这些线段。在右边三条线段中，哪一条与左边单独的那条一样长，是 A、B 还是 C？很容易，对不对？答案是 C。有超过 98% 的人会这样回答。另外 2% 的人是怎么回事？他们成了 NBA 裁判。

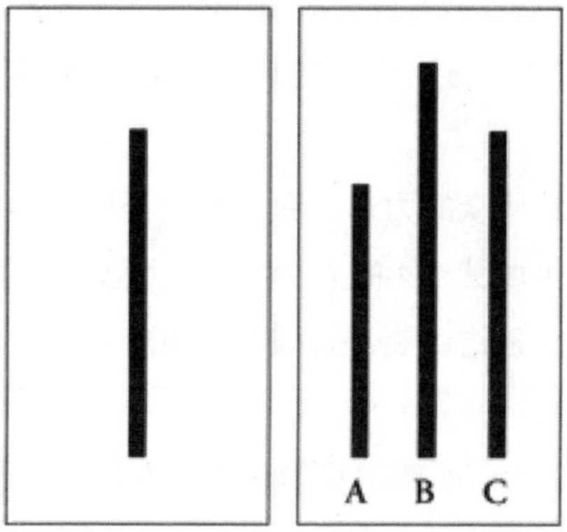

现在改变一下情境。这一次你不是自己一个人私底下判断线段的长度，

请想象一下自己与其他五个人一起坐在桌前。有人给你们展示一系列像图中这样的线段，你们每个人轮流大声回答。对于开始的几张图，一切如常。但是，到了上面这张图，有趣的事情发生了。第一个人回答说："A。"你眨了眨眼。也许你心里偷笑，觉得他没仔细看。

然而，第二个人也说："A。"

然后第三个人、第四个人也是如此。

现在轮到你了。你会怎么做？你会背离群体，坚持己见，给出你知道是正确的答案？还是会和其他人保持一致呢？你知道，不该炫耀自己的羽毛。

好啦，我知道。你会说，你能给出正确答案。你不怕独立思考。

可是我不相信。或者，更准确地说，我不相信你们中 3/4 的人。因为，几十年前，斯沃斯莫尔学院（Swarthmore College）的心理学家所罗门·阿希（Solomon Asch）真的做了这个实验。他雇了演员来扮演那些昏头昏脑的团队成员，结果发现有 75% 的被试，至少有一次给出了从众的错误答案。

简而言之，这就是从众的力量。我们倾向于跟随他人开创的先例，这种倾向如此根深蒂固，足以让 3/4 的人给出自己明知错误的答案，而不是反对群体达成的明确共识。犯错误要比打破常规更容易。

你也许在想，有一些东西使阿希的这个任务成了一种独特的情境。没错。对于被试来说这并不是紧急的情况，即使给出了错误的答案，或是嘴上说一套，心里想着另一套，并不会受到真正的惩罚。被试可能只是下定决心，人生苦短，不应该把其中的一部分用来和陌生人争论线条问题。

有道理。但是，在现实生活中，这种走最容易路线的倾向，也有可能带来问题。如果我们仅仅是出于让生活更轻松的目的而服从群体，那么我们就为了群体的共识牺牲了个人的偏好。我们为了追求时尚而放弃了舒适。我们有了危险的行为，养成了鲁莽的习惯。而如果只有自己的话，我们会对这些东西敬而远之。

而且，即使是在阿希实验这种不紧迫的环境里，也不要低估社会压力的力量。在记录实验的照片中，被试流露出了不知所措的惊愕表情，看上去，他们觉得这个任务比较有压力。此外，就在刚才，我问你在这个研究中是否会给出错误的答案时，回忆一下当时你有多自信地认为自己不会。即使没有直接的后果，在公开场合做出明显不准确的表述，也会让我们大多数人感到不舒服。但是，这恰恰是阿希实验中大多数被试所做的事情，这体现出了从众的压力有多强大。

我们从众的倾向，并不限于那些我们想要避免当出头鸟的情境。有的时候，我们周围的人不仅会影响我们的公开行为，也会影响到我们内在的想法。就好像你不知道正确答案是什么时那样。如果你不是被要求估计线段的长度，而是被要求估计密西西比河的长度。当你不知道它有多长，但周围的人都给出了肯定的、一致的答案时，那么符合逻辑的做法，就是根据他们的答案调整你自己的回答。实际上，即使其他人给出的答案各不相同，利用它们指引你自己的思考，也是有道理的。这就是詹姆斯·索罗维基（James Surowiecki）的《群体的智慧》（*The Wisdom of Crowds*）一书的主旨，即群体的平均估计要比单个专家的估计更准确。正如索罗维基讲到的，这就是为什么智力问答节目《谁想成为百万富翁》（*Who Wants to Be a Millionaire*）的参赛者如果调查了现场观众的意见，并跟随主流观点，通常会表现得不错。

照这样看，从众也包含着信息的成分。有的时候，我们会将其他人作为知识的来源，如当我们在拥挤的地铁上看到不知是什么原因躺倒在地的乘客时，就会这样。其他的乘客都没有警觉起来？那么眼前的状况肯定不紧急。桌子前的每个人都说密西西比河至少有 3 200 公里长？那么我最好调整一下自己 800 公里的估计，不管我觉得自己是马克·吐温多狂热的粉丝。[①]

接下来，让我们走进这背后的真实实验。

SITUATIONS MATTER

情境实验室

在一个实验中，被试坐在一个完全黑暗的房间里，被告知他们参加的是一个视觉测验。在他们身前一两米远处，有一小点亮光闪烁了几秒钟。他们的任务是估计亮光移动了多远。有人估计有 2 米或 3 米远，其他人则认为只有 30 厘米远。实际上，亮光根本没有动，但是由于在黑暗的房间中没有参照物，它看起来好像确实动了。因此，被试的估计反映出了他们对于这种视错觉的主观体验。

在接下来的几天里，研究者重新找到同样的大学生，让他们回到黑暗的房间，不过这一次是三个人一组。他们被要求完成相同的任务，即判断光线移动了多远，并轮流大声说出答案。没过多长时间，群体里的每个人都达成了共识，认为光线移动的距离在 0.6 米到 1.2 米之间。由于缺乏视觉参照物来调整自己的感知，被试转向了一种不同的、更加社会性的参照物：他们周围的人。

SITUATIONS MATTER

因此，从众也可以来自一种收集准确信息的渴望。但是，这并不是阿希实验中发生的事。他的线段没有什么模糊的地方，但是被试仍然跟随了别人

① 马克·吐温的多部作品都围绕密西西比河展开。——译者注

错误的答案。在这里，从众从本质上讲并不是信息性的，而是基于一种简单的动机，即适应和遵守群体规范。这些被试只是想避免破坏现状。

也许你已经料到了我会说，这些被试并没有什么特别的地方。他们不是特别容易受到从众影响的人，是情境，不是温顺的性格特质，决定了他们的行为。我如何能知道这一点？因为当阿希调整了实验的不同细节时，即只是对情境做出了细微的改变，被试的行为就出现了戏剧性的变化。

例如，在阿希实验中，情境的力量很大程度上来自群体意见的统一。如果坐在桌边的每个人都给出了同样一种错误的答案，那么 75% 的被试至少会从众一次。但是，如果仅有一个演员表现得一致，被试就会感觉自己被解脱了出来，也可以做出相同的反应：突然之间，只有不到 10% 的人从众了。实际上，即使单独的反对者只是说出了一个与其他人不同的错误答案，被试的从众率仍然会下降。

好像只要有一个盟友，坚持我们自己的信念或倾向就会变得更加容易，或者，至少不那么困难。看到有人违反常规，这会给我们力量。实际上，正如卡梅隆·休斯的体育场助理曾经跟我说过的那样，这是一种解脱。一名反对者改变了一个群体的文化，重新塑造了规范。这个时候，不一致不再是不可想象或不能容忍的，只是有一点点尴尬罢了。

在阿希实验的情境中，另一个关键的方面是，被试要做出的决定是公开的。被试大声说出他们的答案，让每个人可以立刻清楚地知道，他们是否遵从了群体的共识。没有这种公开的责任，从众行为应该会大大地减少；当阿希让被试写下自己的答案，而不是大声说出自己的判断时，就出现了这样的结果。

阿希实验的这些变种，体现出了情境对从众的决定性力量。尽管他的研究开展于 20 世纪 50 年代，这些结果却并不是特定时代的产物：40 年后，美国全国广播公司（NBC）的节目《日界线》（*Dateline*）使用隐藏摄像头开展了相同的研究，发现超过一半的被试表现出了从众。这也不是美国人所独有的倾向，研究者在 17 个不同的国家和地区已经开展了 130 多项阿希实验的变体。如果有什么区别的话，那就是美国和英国被试的平均从众率要低于非西方样本，如日本、加纳和津巴布韦。换句话说，尽管美国传统的价值观强调独立和个人主义，阿希还是观察到了从众。在更加集体主义、公共取向的文化中，从众的倾向可能会更明显。

从众是如此根深蒂固，甚至当我们模仿别人的非言语行为时，我们经常会无意中表现出这种倾向。在纽约大学开展的一项研究中，被试与一个对话搭档结对，有的搭档习惯晃脚，有的习惯摸头。在没有意识到的情况下，被试开始模仿这种重复的行为。这种倾向的存在是有充分理由的，研究者将它称为“变色龙效应”：在一项后续研究中，他们发现，对方越是在谈话中模仿我们的举止，我们在谈话结束时就越喜欢他。

我们特别习惯于利用从众，让我们的社会交往变得顺利，甚至我们有时会自发地这样做。

SITUATIONS MATTER

在《当哈利遇到莎莉》（*When Harry Met Sally*）中有这样一幕：比利·克里斯特尔（Billy Crystal）饰演的角色哈利在一场橄榄球比赛中，向朋友表达了妻子可能离开自己的担心。在这样一部描述柏拉图式友谊的电影中，这是一段非同寻常的私密交流。而就在他们这样谈心的时候，就在哈利分享自己情感上的痛楚，透露出最个人化的细节的时候，两个人还下意识地跟随着体育馆的人浪，站起又坐下。一共有三次。他们的对话一次也没有中断。

从众也发生在社会层面上，体现在发型和时尚领域。在一波又一波的潮流中，我们不断调整着自己对于可接受的发型和衣着的认知。然后，突然有一天，也许令我们自己也感到惊讶，我们意识到这些标准，即这些规范，已经改变了。我们从前喜欢的照片，现在变得可笑和令人尴尬。实话实说，你难道不觉得，在十年之后，我们将会很难和孩子们解释，为什么成年人会在公开场合穿着像瑞士奶酪一样全是洞洞的塑料鞋？

或者以给小孩起名字为例。正是对于规范的飘忽不定的从众，解释了为什么电影《美人鱼》（*Splash*）中女主角从路牌上随意挑选的名字，即“麦迪逊”，会变成30年后美国最流行的女孩名字，这本是电影中的一个笑料。我觉得我们应该庆幸，电影的编剧没有让达丽尔·汉娜（Daryl Hannah）饰演的女主角来到中央公园的另一边，看到阿姆斯特丹大道的路牌。在这个例子中，只需要一部电影，就可以改变流行的规范，让一个滑稽而无法接受的名字，变成一个非常普遍的名字，这就好像一本关于驯马的书或电影，即《马语者》（*Horse Whisperer*），可以改变秘语者（whisperer）这个词的日常用法。

简而言之，从众无处不在。阿希的线段实验，提供了一个令人信服的例子，表明即使存在一个明显的正确答案，我们依然会从众。但是，生活经常不会如此简单，不会如此黑白分明，而当我们身处于模糊的现实世界中时，从众就变得更有可能。如一个犹太人可能因为参加婚礼，第一次来到一个天主教堂，不得不在整个仪式中跟随周围人的行动。否则，他如何知道什么时候该起身，什么时候该坐下呢？如何知道那个带垫子的凳子是用来跪的？如何知道那些华夫饼干不是用来避免低血糖的午间零食？

当然，同样的非犹太教徒朋友，来犹太教堂参加我的婚礼时，也觉得我们的仪式很好玩，同时又摸不着头脑。生活总是会让我们进入不熟悉的社会领域。认识到其他人可以帮助我们解决这些令人迷惑的情境，这会带来实际的好处。

藏在幕后的从众之手

所以说，我们不像自己所想象的那样有独立的见解。也许这种从众倾向最有趣的一个方面是,它反映出了一种令人惊异的非常微妙的社会影响形式。也就是说，即使我们周围的人没有直接影响我们，我们的思想和行为也会因为他们而发生剧烈的改变。最终，它好像一只看不见的手，控制着我们：周围人对我们的影响，完全存在于我们的头脑中。

在阿希实验里，没有人要求被试给出错误的答案，但违背群体意愿的想法，导致了自发的不适感。而且，除了美国喜剧女王琼·里弗斯（Joan Rivers）和我在中学认识的几个讨人厌的女孩之外，在生活中很少有人会直接指点你应该如何着装，或是留什么发型；但是，我们的社会对于风格的追求仍趋于一致，集中体现了一个时代或一个地区的特点。下一次你上班有空时，可以把你的照片上传到一些可以给你换装的网站，看看自己穿上不同年代的衣服，留着不同年代的发型，会是什么样子。这种上班时间开小差的活动，之所以令人愉悦，正是因为从众的力量。

因此，从众是一种内部过程，据此，我们可以领悟一个群体的规范，并做出调整。但是，我们通常不会以这种方式来思考社会影响。有意努力改变某人的态度？直接请求援助？汽车销售员想让你花 399 美元购买额外的防锈处理服务？我们服从潜规则的倾向，也可以帮助我们更好地理解，对像上面这些更加直接的、外在的社会影响的顺从。

许多直接请求的成功也取决于规范。例如，要想让别人接受你的请求，一种久经考验的策略就是借助互惠的规范。正如我们之前简略谈过的，对于那些帮助了我们的人，我们会觉得自己有义务回报他们。有的时候，回馈的请求是急切的，如在慈善募捐者送出免费的明信片、地址签，或是其他表达感激的小礼品，并附上一张捐款卡的时候。其他人则愿意将人情积攒下来，将来再使用，就像《教父》中的唐·科莱奥内（Don Corleone）在他女儿的婚礼上那样。因为，你确实不知道在什么时候，你会像科莱奥内的儿子那样在收费站被人设计杀死。

在一项关于互惠的研究中，男大学生与搭档配对，这位搭档或者曾经在实验中帮了被试一个意料之外的忙，如出去给他自己买汽水，却带回来两瓶，或者不这样做。在实验结束之后，搭档问被试是否愿意购买一些他为慈善所销售的彩票。那些被赠予了免费汽水的被试，会买下平均值两倍多的彩票，即使这些彩票的价格远远高于他们得到的那瓶汽水。你在互惠方面微小的投资，可以带来可观的回报。

这种引发服从的方法，所利用的许多心理过程都与从众相同，虽然它们所包含的直接的、外在的请求并没有出现在诸如阿希实验这样的情境中。与从众相似，这种让人服从的策略，并不依靠高压手段。相反，它们依靠的是一些幕后的过程，这些过程背后的假设是，如果你激发了某人对于规范，如互惠规范的关注，那么这种关注足以迫使对方采取行动。

另一种策略是利用承诺。一旦我们答应了某些事情，我们就不愿意食言。例如，对于一般的大学生来说，没有什么比早起更令人讨厌的事情。我教的一门课在上午 11：45 结束，但在最近的一次教学评估中，一个学生抱怨说我们“在上午太早的时间”上课。不过，如果下课时间再晚 15 分钟，那就根本不是上午了。

尽管如此，在一项研究中，研究者用电话联系大学生，成功地让 56% 的人同意在早上 7 点来参加实验。请告诉我，他们是怎么做到的？原来是通过虚报低价（lowballing）的办法，在他们同意参加实验之后，才告诉他们实验的开始时间。如果在一开始就知道了实验时间，只有 31% 的人会同意参加，而且，我猜这些同意的学生，都是本来就准备在前一个晚上熬夜的。

说实话，推动服从甚至不需要什么创造力。就好像从众行为会自动产生一样，人们经常会不假思索地回应直接的请求，就像下面这个实验中这样。

SITUATIONS MATTER

情境实验室

请考虑以下场景：在图书馆里，你准备使用复印机。突然，一个人走过来，问能否在你前面先印 5 份，因为他要赶时间。你觉得这是一个合理的请求，于是同意了。的确，如果人们在图书馆里遇到这种请求，有 94% 的人会同意。如果请求没有附加上解释，仅仅是询问“我能否在你前面使用？”，同意请求的比例便降到了 60%。

一个合理的插队理由，如赶时间，可以让服从的比例提高超过 30%。但是，如果是一个糟糕的原因，又会如何呢？如果只是说“我能否在你前面使用，因为我必须要复印”，会怎么样？从理性的角度讲，这个请求被接受的比例，不应该超过缺乏理由时的 60%，但它确实超过了。实际上，93% 的人同意了这种空泛的请求。只要是解释，即使没有意义，也会像合理的理由一样，有影响力。

SITUATIONS MATTER

记住，在谈及他人对于我们思想和行为的影响时，外在和内在的压力都会起作用。许多可以解释我们从众倾向的相同因素，也可以解释我们对直接请求的回应方式：规范的影响、公开承诺的力量、对于环境的无意识反应。若想成为社会影响专家，你必须利用所有这些因素，利用人类从众和服从的倾向。因为，请记住，那个超级球迷要求人们起身欢呼时，他也会以身作则。服从我的请求，并且模仿我的行为，这是成功的人群秘语者的秘诀。

情境操控与权威人物

从众是社会的黏合剂。在高峰时刻拥挤的城市人行道上，从众让人们保持了协同一致的步伐，没有乱成一锅粥。从众是探索陌生情境时的指南针，如犹太人身处基督教堂时，或是异性恋男性身处同性恋女孩的演唱会时。尽管如此，只有当知情人确实拥有相关知识时，模仿他们的做法才是有效的。还记得那些坐在小黑屋里，被要求判断亮光移动了多远的被试吗？他们向其他小组成员寻求帮助，但是得到的信息却是有误导性的：亮光实际上是静止的。从众可以指引我们度过有挑战性的情境，但并不能保证准确性，甚至也没法保证积极的结果。就此而言，在一些情况下，从众造成的后果可能是毁灭性的。

1997 年 3 月，人们在加利福尼亚州的兰乔圣菲（Rancho Santa Fe）的一间出租屋里，发现了 39 具尸体。这些死者的穿着打扮都相同：黑色的运动套装，上面装饰有手工缝制的袖标，全新的黑白色耐克运动鞋，还有装着五美元钞票的钱包。我们很快了解到，死者都是一个名叫天堂之门（Heaven Gate）的邪教社团的成员。他们是用混合了安眠药的伏特加鸡尾酒自杀的，时间恰好选在了海尔 – 波普（Hale-Bopp）彗星到来的时候，邪教成员相信随着彗星而来的还有一架 UFO。这让人想起了将近 20 年前，在圭亚那，吉姆·琼斯（Jim Jones）创立的邪教“人民圣殿教”（Peoples Temple）发生的更大规模的集体自杀事件。尽管当时在琼斯镇发现的 900 多具尸体中，有一些有枪伤或是强行注射的迹象,但是大多数人都是死于掺入了氰化物的饮料。

从众并不限于那些低风险的情境，如果没有从众，这两起集体自杀的惨剧都不会发生。实际上，后来我们了解到了许多关于这些邪教生活的细节，这些细节体现出了一些策略，专门用于创造最有可能诱发从众的环境。它们代表了一些有意操纵情境的尝试：统一的制服，抛弃自己的名字，这些都可以减少个人的独立感。与世隔绝的集体生活，让教徒之间更加相互依赖，并且放大了互惠的规范。在“天堂之门”的屋子里，检察人员发现了一些标签，标注了每个书架、碗柜和开关的功能,看起来,这是为了让教徒更加不动脑子。

对提高从众性的策略的使用,并不限于社会边缘群体。绰号和集体生活?制服和自动服从命令的心态？这些在兄弟会和军队中也同样存在。当然，我并不是说它们也是邪教。但是，许多群体都采用了相似的策略，来促进成员的凝聚力和忠诚度，这些策略也让从众变得更容易发生。

回忆一下，在2004年阿布格莱布监狱丑闻发生之后，许多人很快将虐待归咎于几个美国军人的变态性格上。这些“坏家伙”的代表是琳迪·英格兰（Lynndie England），20岁，来自西弗吉尼亚。在照片中，当犯人受到性侮辱的时候，她在旁边微笑并竖起大拇指。我们觉得，她一定有虐待狂的倾向。至少，她和其他的犯罪者肯定都是顺从性过高的人。

然而，不管你怎样仔细调查英格兰的早年生活，都找不到人格问题的迹象。没有童年虐待的故事，既不是施虐者也不是受虐者。她在学生时代最糟糕的行为，就是在课上传小纸条，取笑一位科学教师。而且，她也根本不是一个顺从的墙头草，她违背了母亲的意愿，辞去了鸡肉加工厂的工作，加入了军队，只是因为工厂管理者忽略了她关于工人安全和违反健康规定的抱怨。没错，在成为军事监狱虐囚的代表人物之前，琳迪·英格兰是一个能够抵御住从众的诱惑，勇于检举问题的人。

5 年之后，我们已经知道，阿布格莱布监狱的做法，在琳迪·英格兰被派遣到伊拉克之前就已经存在，而且也不限于这一座监狱。而且，我们还发现，这些行为并不是个人的创造性发明，而是对于清晰的命令做出的反应，这些命令最开始由军队高层提出，后来被情报官员效仿。

也许很难想象，但是阿布格莱布监狱的大多数人，他们的性格都和你我没什么不同。

研究者的结论表明，尽管在一些情境下，精神错乱和施虐成性的人会通过折磨他人的方式取乐，但是在大多数情况下，虐待酷刑都是来自政府官员的鼓动，施虐者都是普通人。

琳迪·英格兰自己的回忆录，读起来就好像他们刚刚作为被试参加了从众实验："我们刚到那里的时候，想法差不多是'怎么回事？'然后你可以看到参谋军士走来走去，一言不发……于是你想：'好吧，看起来这很正常。'"

这个结论并不是对虐待者罪行的开脱，但是让我们面对现实吧，如果不考虑情境带来的巨大影响，就不可能全面地分析阿布格莱布监狱发生的情况。再一次地，"所见即所得"只是一种站不住脚的借口。

"天堂之门""人民圣殿教"和阿布格莱布监狱，都有一个共同的主题，那就是存在一个强有力的、煽动性的领导。在邪教的例子里，群体的领袖是马歇尔·阿普尔怀特（Marshall Applewhite）和吉姆·琼斯。在伊拉克，则是军事情报官员，以及一种强调指挥链条的整体文化。

的确，虽然人们会在各种不同的环境中从众，但是没有什么能比拥有一个强力的领导者，更能点燃社会影响的火焰了，请看下面这项研究。

SITUATIONS MATTER

情境实验室

在情境对于人性的影响力方面，最有名的一个例子，就是关于权威的影响。20 世纪 60 年代，斯坦利·米尔格拉姆在耶鲁大学开展了一系列服从研究，在这些研究中，被试与一个搭档配对，他们以为这个研究的主题是惩罚对学习能力的影响。研究者通过操纵抽签，保证被试每次都会被分配去扮演“教师”的角色，而搭档实际上是安排好的演员，扮演“学习者”。规则非常简单：教师会阅读一系列单词，然后测验学习者对这些单词的记忆，每错一次，就给出一次电击，错得越多电击强度越强。如你所见，这大概混合了联邦德国的警察审讯技术和日本的游戏娱乐节目。

电击的控制板上有一长串共 30 个开关。每个开关的强度比前一个提高 15 伏特，最高达到 450 伏特。每增加 60 伏特还会有描述性的标签，75 伏特标记为“中度电击”，135 伏特是“强度电击”，诸如此类。375 伏特标记的是“危险：严重电击”，而到了 435 伏特，已经完全超出衡量范围之外了，只有一个看起来非常不吉利的“XXX”。

当然，其实并没有人在另一端受到电击。虽然被试相信，每次搭档答错一个问题，他们都会施加更强的电击，但实际上在另外一间屋子里，那位演员并没有被装上电击设备。被试听到的呻吟声、抱怨声，还有后来的尖叫声，全都是事先录制好的。如对于 150 伏特的电击，演员会有这样的反应：“让我出去。我告诉过你我心脏不好。现在我的心脏开始不工作了。让我出去吧，求你了。”

180 伏特的时候：“我没法忍受这种疼痛了。让我出去！”

到了 300 伏特的时候，演员先是痛苦地尖叫，然后会说：“我绝不会再回答任何问题了。让我出去。你不能把我关在这里。让我出去。”

到了 345 伏特的时候，被试无论是对测验问题，还是对电击，都不再有反应了。

许多人都听说过，在研究开始之前，米尔格拉姆曾让几十名精神病学家估计一下，直到最大强度的电击，被试中有多大比例会一直服从指示。平均来说，精神病学家们预测，1 000 个人里会有 1 个人，也就是千分之一，可能有足够高的虐待狂倾向，他们会对不作回应的搭档一直施加超高强度的电击。

当被试按照实验指示单独操作时，这些精神病学家的预测被证明是大大地低估了真实数据。在自己操作的时候，有接近 3% 的被试，一路增加到了 450 伏特的电压。

如果有一个穿着白大褂的实验者在场，那么施加最大电压的被试比例，达到了惊人的 65%。实际上，在最初的实验中，没有一个被试在 300 伏特之前停下来。而实验者所做的，仅仅是做出一些无伤大雅的评论，如“请继续”和“这个实验要求你继续”。与在图书馆里请求插到你前面，因为他“需要复印”的人相比，这些言辞并没有包含更多的信息。但是，权威天生就具有影响力。

SITUATIONS MATTER

正如米尔格拉姆强调的，这些被试就是寻常的美国人：“邮政工作人员、高中教师、销售员、工程师，还有工人。”无论是职业、性别，还是性格，都不能预测施加伤害的意愿。原因在于情境。当然，一些人与其他人相比，本性上就更不愿意服从多数，或遵从权威，不管怎样，在新英格兰地区的每一所大学校园里，都有一个家伙，每天都穿着短裤和勃肯拖鞋（Birkenstocks），即使冬天也不例外。

米尔格拉姆实验的许多变种，都体现了情境的力量。当研究从大学挪到城区办公楼里时，不到 50% 的被试达到了最大的电击强度。当实验员脱掉他的白大褂，从而丢弃了一部分权威时，这个比例下降到了 20%。对于被试的行为而言，这些是最好的预测因素，而不是被试的性格、职业，甚至也不是研究开展的年代：在 2009 年的一次升级版实验中，再一次得到了被试很高的服从率。

权威能够对普通被试的行为产生如此巨大的影响，这一事实支持了一种理论，即在现实生活中，诸如阿布格莱布监狱虐囚这样的暴行，经常是由“普通人”在非正常的环境中犯下的。米尔格拉姆在关于这个研究的第一篇论文的第一段里，就将他的研究与纳粹大屠杀联系起来：“这些非人道的政策可能产生于某个人的头脑，但是它之所以能够大规模施行，是因为有很大一批人服从命令。”再一次地，是从众、顺从和服从这些人类的倾向，导致了这样一出人间惨剧。

简而言之，米尔格拉姆向我们展示了，一身白大褂、几句空泛的鼓励，就可以煽动普通的公民，电击一个陌生人。想象一下，如果权威人物略微增加压力，领导者们开始动脑筋，利用从众的力量以及社会影响的潜在盲目性，会发生什么事情。

跳出情境，拒绝从众

我不会跟着做人浪的。

没错，我拒绝跟随周围那些顺从的绵羊，做出体育观众常见的从众行为，这让坐在我那片看台的许多载歌载舞的球迷惊慌失措。对我来说，整个场景包含有太多莱尼·里芬施塔尔（Leni Riefenstahl）的意味[①]。我已经了解到了在日常生活中，从众那无所不在的身影，因此要抓住这个机会，重新确认一些表面上的自主权。即使我小心谨慎的抗议行为，会冒犯到那些聒噪的、醉醺醺的、光着上身的人，我也会坚持下去，而且，让我们面对事实吧，看台上做人浪的几乎总是聒噪的、醉醺醺的、光着上身的人。

此外，请原谅我的粗鲁，人浪是件很愚蠢的事情。当它在头几次自发地形成的时候，也许是聪明的，但是到了现在，这一套已经有点过时了。是的，我知道一些体育场会加入有创意的变式，改变人浪的速度、规模和方向。哦，这真让我印象深刻。除了基因组计划和宇宙大爆炸模拟器之外，很少有东西能像这样支持我对于人类创造力的信心。

这是一场只有我一个人的反抗，反抗在其他生活领域泛滥且无脑的服从。我承认，这不是一个令人激动的非暴力不合作运动的例子，我不是当代的甘地或者梭罗。但是，考虑到在许多日常生活的情境中，我们经常会不假思索地从众，所以我认为，自己在人浪中坐着不动，这种象征性的臀部姿势，可以让我重新得到自身的独立性，这是值得的。

从众本身并没有任何问题。正如上面所讨论的，从众可以提高效率，而且很难想象，如果没有它，社会还能顺利地运作。这是一种社会润滑剂，有助于产生积极的印象，促进群体内的人际关系：秘密的握手、常规的聚会地点、反复引用的电影台词，以及内部笑话，都可以建立和强化群体成员之间的联结。我们喜欢与和我们行为一致的人在一起。

① 20 世纪上半叶德国著名女演员和导演，由于为纳粹党拍摄了宣传片《意志的胜利》而备受争议。——译者注

从众也带来了实际的好处。如果司机们都遵守关于并线的规定，那么加入车流就不会那么费劲了。没有规范，整个曼哈顿区的 150 万人会挤满 60 平方公里的空间，让整个地区慢慢停止运作。而且，在规模更小的环境中，如忙碌的午餐柜台前，从众对于效率来说也是必要的。在读研究生时，我最喜欢的汉堡店有一套精细的点餐流程，它如此成熟，甚至被印到了菜单上：首先告知你要的薯条配餐，然后是汉堡的大小、面包的种类、蔬菜、奶酪，最后是调料。遵从先例，午餐就会快速而且可口。如果偏离了这些规矩，就像招牌上警告你的，你“可能会受到厨师的鄙视和嘲笑”。

因此，我承认，从众帮助社会有效地运作。但是，我们如此经常地从众，让它变成了一种不动脑筋的默认选择，我们以此来让生活变得更容易，而非更加美好。因此，我认为有必要定期地反抗一下。由于我对人浪的个人抵制看起来如此微不足道，我不禁怀疑，在“天堂之门”或阿布格莱布监狱，如果只有一个人，或者更好地，有几个人，更加有力地质疑群体的前进方向，结果是否会有所不同。

你可能会发现，我们可以很容易地将这些例子，即大规模自杀和监狱虐囚，归结为极端的事件，涉及非理性的个体。但是，在其他地方，从众的危险也很明显。例如，在肯尼迪总统成功斡旋古巴导弹危机的两年之前，同样的管理层在另一起与古巴有关的国际事务中，表现得远没有如此令人印象深刻。在 1961 年 4 月，美国领导了一次推翻卡斯特罗的尝试，遭遇了惊人的失败。原本计划从猪湾（Bay of Pigs）秘密入侵，却导致了美军和流亡军超过 100 人伤亡，超过 1 000 人被捕，中央情报局主管也因此被免职。

有许多事后分析认为，这次行动之所以失败，是因为基于不现实的假设，制定了糟糕的计划。而且，从众让幕后的错误决策无法及时被叫停。尽管有几个肯尼迪的核心集团成员，对于入侵的可行性持有怀疑态度，但是没有人在群体会议中提出来。根据耶鲁大学的心理学家艾尔芬·贾尼斯（Irving Janis）的记述，顾问们认为团队已经达成了一致意见，不想破坏这种一致，而且这个计划在艾森豪威尔总统治下已经存在雏形，他们也不愿意打破这种惯性。每个人都假设，其他人的沉默代表了他们的赞同，群体凝聚力的重要性被放到了合理决策的前面。正如曾任肯尼迪总统白宫特别助理的亚瑟·施莱辛格（Arthur Schlesinger）事后反省的："除了提出几个温和的问题之外，我没能做到更多，我只能将自己的这种失败解释为，当时的讨论氛围，让人没法站出来反对这套荒谬的东西。"

在猪湾的惨败中，肯尼迪顾问团的表现，很像阿希实验中评估线段长短的被试。将团队的一致性置于激烈的辩论之前，这种被称为群体思维（group think）的现象，也出现在其他一些后果严重的错误的群体决策中。例如，美国国家航空航天局在两次不幸的航天飞船事故中，都没有注意到机械方面的问题。或者，金融业没能完全认识到房地产泡沫和次级贷款的风险。此外，也许不那么有名的是，美国重金属乐队范·海伦（Van Halen）总是没能成功为离去的主唱歌手找到替任者。

那么，这一章的具体帮助是什么？首先，如果你想要改变别人的行为，请记住，从众可以成为宝贵的工具。就像人群秘语者一样，你可以通过以身作则，做出你希望看到别人做出的行为，从而创造出新的规范。在你自己的小费罐子里放上几块钱，这样，之后的顾客就会提高自己的期望。雇用一些朋友，在你新开张的餐馆、俱乐部或是画廊外排起长队。在希望赢得新客户的时候，利用互惠和公开的承诺。给你的配偶你希望作为回报得到的那类礼物。

此外，如果你的目标恰好相反，想要减少你周围人的从众行为，那就看看关于激发体育观众和邪教教徒的案例研究。然后对这些情境开展反向工程，让它们转向独立的方向。

任何强调个人身份的办法，都有可能减少从众。

SITUATIONS MATTER

接下来，让我们看看这背后的真实实验。

SITUATIONS MATTER

情境实验室

在一个聪明的万圣节研究中，研究者向玩“不给糖就使坏”（trick or treat）的孩子们提出要求，让他们只能从屋里的糖碗中拿走一颗糖果。但是，免费的糖果让人很难抵住诱惑，而且孩子们太过热衷于跟随前人的榜样，如果群体中有一个孩子拿了额外的糖果，那么 83% 的人也会跟着这样做。但是，如果开门的成年人问了孩子的名字和居住的街道，即剥夺了他们的匿名性，提醒了他们的个体性，那么偷拿糖的从众行为降低到了 67%。那么，对于那些不幸被问到名字，而且是一个人去要糖，没有坏榜样的小鬼头，又会怎样呢？只有 8% 的人拿了额外的糖。

SITUATIONS MATTER

要想战胜你周围的从众行为，问出周围所有孩子的名字并不是唯一的办法。在群体决策中，应该建立起一套新的期望，让不同意见，而非群体一致，成为常规。我们可能喜欢与相似的人在一起，但是在和谐的决策和明智的决策之间，存在着巨大的差异。从亚伯拉罕·林肯著名的“昔日政敌组成的团队”内阁，到真人秀节目中评委之间的争论，多样的观点和争论标志着严格的决策。因此，如果你的委员会会议非常和平，甚至令人愉悦，那么请开始了解一下，整个群体是否从每个成员身上都得到了应有的贡献。与此相反，应该在你的董事会或专家团队中纳入拥有不同背景和观点的人。在自鸣得意的规范形成之前，让你的工作团队不断加速运作，强迫自己与那些很有可能反对你的人交换意见。

此外，如果你想要在一个已经确立的组织结构中发起争论，研究也提供了一些具体的建议，可以让情境成为你的优势。找一位同样持有反对意见的盟友，与群体唱反调是一项困难的工作，但是如果有人与你并肩作战，压力就没那么大了。请保持坚定，握紧你的武器，迟疑和踌躇对于少数派来说太过奢侈了。

不要忘记了你的名声。如果你在过去一直保持忠诚，一直遵守政党的路线，那么比起那些总是不服从的人，你就有了更多的资本，可以用在之后的反对意见上。如果老派的共和党人也表示，共和党应该反思自己的立场，那么这会比一贯对着干的温和派的意见，要更加有分量。

请谨慎挑选你的战斗，建立和积攒起足够的信誉，让你之后可以挑战群体的潮流。

SITUATIONS MATTER

另外，正如我之前论证的，熟知阻碍助人行为的障碍，可以改变你今后看待紧急情况的方式，同样地，仅仅是了解从众的倾向，就可以中止你自发的从众行为。现在，你已经知道了阿希的线段实验，那在今后遇到类似的情境时，就不再会放弃你的个人判断。我确信，当一个穿戴整洁的研究者要求你施加电击时，你也会像这样坚持自己的原则。

这些道理也可以迁移到新的、不熟悉的情境中。也许，你会努力抵御上级有违伦理的指示。或者，你会坚决地从你的群体中决裂，去追求那些能让你更快乐，而非让你更受欢迎的目标。只要认识到，从众是一柄双刃剑，就足以让你摆脱无脑的行为，促使你反思，为了维护社会关系，自己是否进入了无害的从众，或是陷入了更加有问题的、片面的群体思维，进而可能遭遇更加严重的后果。

因此，请不要再满足于假设自己是一个自由的思考者，不会受到周围人的影响。**如果你想要避免过度的从众，你就必须保持警觉，既要小心他人的有意尝试，也要小心你自己不假思索的从众倾向。**

> **最隐蔽的社会影响策略，通常只在目标没有意识到的情况下，才会产生作用；意识到某人正在控制你，足以让你将控制权夺回来。**
>
> SITUATIONS MATTER

谁知道呢，在获得所有这些关于从众的新认识之后，你可能只会做出自己的形式化的抗议，用属于你自己的抵制人浪的方式。也许，你会不愿意起立欢呼，因为球队的表现很平庸。也许你会有意避免使用每月的流行语。或者，拒绝盲目地遵从侍者的警告，说盘子很热，在任何情况下都不要碰。没错，如果你愿意承担在看台上被公开责骂，以及在外面吃饭时被轻度烫伤的风险，那么你也可以像情景喜剧里那样，体验到违反常规的乐趣。

这种偶尔偏离期望的做法，可以让你得到释放。它们可以让你即使身处许多人中间时，也可以感觉“更像你自己”。这些反抗的行为，可以让那些义务性的社会从众，变得更容易接受。

不过，我要承认，对于所有违反常规的行为，也会有附加的条件：我曾问过卡梅隆·休斯，对于像我这样觉得自己太过文雅，不愿意参与像人浪这种大众活动的家伙，他会怎么办。他立刻纠正了我关于自己是一个不从众者的幻想，告诉我说，每次他都会遇到顽固地坐在那里的观众。然后他警告我说："你说的这种家伙……对于人群来说，只是很好的炮灰而已。太容易对付了。"

因此，你不会放过我，让我安静地坐在那里？我问他。"不可能。"他笑着回答。

你的意思是，待在我的座位上，只是让我变成了一个更大的目标？"当然。"他说。

该死。不从众的代价更高了。

好的，休斯。我会偶尔做一下这该死的人浪。但是，没人可以强迫我享受它。

UNDERSTANDING HOW CONTEXT TRANSFORMS YOUR WORLD

SITUATIONS MATTER

04

拥抱情境，反思自我

你生命中最具决定性的十个时刻是什么？为了走上你现在的道路，你做出的七个最关键的选择是什么？在你的世界中，最关键的五个人是谁，他们如何影响了你？

你也许也曾见过这样的问题，这也是那些倡导自我洞察的自助大师们会告诉你的：你应该先把目光转向内部，找到“真正的”自我。

有一个真实的自己藏在你的身体里，等着你去发现，是这样吗？也许你对这些问题的答案，会随着时间地点而改变。那么，究竟哪一个是真实的你呢？

不过，你觉得你自己是谁呢？

我们人类总是习惯努力钻研关于自我的问题。在我们热爱的各种艺术形式中，有关存在的思考处于我们最钟爱的艺术形式的核心位置，如音乐、诗歌或约翰·休斯（John Hughes）的电影。自我影响了我们每天早上盯着镜子时对自己的评价；它也反复出现在我们的日记中。对于我们到底是谁的追问，确实让我们走上了激动人心的自我探索之旅，但也让我们对个人缺陷有了清醒的顿悟，更不要提芭芭拉·沃尔特斯（Barbara Walters）和拉里·金（Larry King）的访谈了。

与大部分的日常生活相同，这种自我知觉的过程也受到情境力量的影响。也就是说，情境的重要性并不限于公开的行为，或是我们如何思考他人。即使是最隐秘的知觉，即我们对于自我的感觉，也会受到周围的环境和人的影响，虽然我们自己可能拒绝承认这一点。

我是如何知道这一点的呢？我为何能如此确信，情境确实影响了自我知觉呢？对此，你又怎么能估量他人有关自我的隐秘想法呢？好吧，首先，你可以做一个简单的填空。

下面有 5 个一样的短语。你应该用第一个跳进脑海的词或句子，来补全下面的陈述，保证最后提供 5 个不同的答案。请现在就完成它，最好用墨水笔写，这样下一个读者就得掏钱买一本新书了。如果你正在读电子版，或者坚持要做一个古板的人，那么你也可以在头脑中完成。

记住，不要苦恼于写什么或不写什么。用最先进入头脑的词句补完每句陈述就可以。

1. 我是________________________

2. 我是________________________

3. 我是________________________

4. 我是________________________

5. 我是________________________

研究者管这个叫“20 句自我陈述测验”（Twenty Statements Test）。显然，你完成的是删节版。

在进行测验时，你有很大的灵活性。你有许许多多种方式来合理地描述自己。你可以从身体描述开始，如“高个子”或“左撇子”，你也可以写你生活中扮演的不同角色，包括职业或家庭状况。你可以使用性别、种族、宗教等分类，当然，你也可以基于“所见即所得”，使用诸如慷慨的、好奇的、害羞的或其他性格特质的形容词。

底线是什么？你在这里几乎有无限多种可能的答案，因为个人身份是一只多头怪兽。实际上，你有的选择如此多，问你昨天或者上周是不是给出了相同的五个答案，也是合理的；或者也可以问当你身处不同房间，或是不同情绪状态的时候，答案是否相同。

实际上，我可以自信地说答案肯定是“不”，即如果我在另外一个环境中让你做相同的测验，你不会给出相同的答案。毫无疑问，你 10 年前的回答也会与现在不同，对不对？但是，即使是环境上很小的改变，也会对你看待自己的方式产生巨大影响，不管你是否意识到，一个会影响到你身份认知的关键因素就是，你与谁在一起。

因为个人身份有如此多的方面，自我概念的不同维度在不同情境中会变得突出。举个例子，研究表明，我们在思考自我时，会关注自己与众不同的方面。因此，当我让课上的学生完成 20 句自我陈述测验时，他们很少会回答“大学生”。但是，当在火车站或是诊室给出同样的测验时，他们的学生身份就更有独特性，因此在他们翻阅自己的身份名片盒时，就更容易提取出这样的身份来。

这个原理解释了，为什么与有色人种相比，大多数美国白人在完成 20 句自我陈述测验时，更不容易提到自己的种族。但是，如果把一个白人学生放到一个美国历史上以黑人为主的大学，或是把一个白人行人放到唐人街的中心地带，那么他的白人属性就立刻凸显出来了。出于同样的原因，交换生在国外，与在家时相比，更容易用国籍来描述自己；男性在迎接婴儿降生的派对上，与观看篮球赛时相比，更容易意识到自己的性别；而金发的人在首尔，与在斯德哥尔摩时相比，更容易想到自己的发色。

简而言之，就如同情境会影响我们感知他人和与他人交流的方式，情境也会影响到我们看待自我和思考自我的方式。

情境影响了我们是谁

在反思自我知觉时，第一步就是提出一个少有人问津的问题：关于自我的信念究竟来自哪里？我们很少会考虑有关自我认知的起源，因为我们通常认为它是理所当然的。

你如何知道自己的优势和局限？你喜欢什么和不喜欢什么？你对未来最光辉的梦想，还有对过去最深的后悔是什么？

你就是知道，就是这样。

然而，对于这类问题，还有一个更深刻的答案。实际上有好几个这样的答案，但是那些所谓的专家，那些出没在畅销书排行榜和日间脱口秀节目的自助大师们，并不会告诉你这些。

这些自我帮助、自我洞察和自我实现的家庭手工业者会告诉你，你可以通过探索自己的思想和感受，通过将社会知觉的焦点转向内部，来认识你自己。这些书的核心内容是，你需要发现你真实的、“真正的”自我。这些专家一直在告诉你，必须与真实的自己保持联系。按照这种思路，如果自我仍然是一个谜团，你就不可能诚实地面对自己。

那么，我们到底该如何认识这种核心的自我呢？

去本地的书店走上一圈，似乎答案与鸡汤有关。此外，我们还应该像美国心理访谈节目主持人菲尔博士那样，问自己一些问题：“你生命中最具决定性的十个时刻是什么？” “为了走上你现在的道路，你做出的七个最关键的选择是什么？” “在你的世界中，最关键的五个人是谁，他们如何影响了你？”

菲尔博士的问题有一种共性。我指的不是那些可能来自幸运饼干的任意数字。它们更重要的共同特征，是其假设自省可以带来可靠的自我洞察。这些问题暗示，通过内观，可以让你直达自己的内在偏好、内心最深处的念头，还有真实的动机。

有一个真实的自己潜伏在你的身体里，等待着你去发现，这是一个不错的想法。但是，你对菲尔博士问题的回答，就像你对 20 句自我陈述测验的回答一样，会随着时间和地点改变。那么，究竟哪一个是真实的呢？

在试图举出对我来说最关键的五个人时，我最大的困难是应该把谁排得更高：《老友记》里的珍妮弗·安妮斯顿（Jennifer Aniston）还是《绝望主妇》里的伊娃·朗格利亚（Eva Longoria）？尽管如此，当我妻子在旁边的时候，她们就不会出现在列表里了。即使你尽量想要诚实，内观也只能在了解自己方面带你走到这么远。虽然菲尔博士的假设看起来足够合理，即我们可以准确地讲出那些影响我们行为的因素，或是影响我们对于生活的不同方面有多满意的因素，但是这并不是自我知觉真实的运作方式。自省实际上要比我们所想象的更加困难，更有局限性。

我们常常以为可以可靠地解释自己做出决定的原因，菲尔博士在提出关于“让你走上现在的道路的选择”或是“他人如何影响了你” 的问题时，背后就做出了这种假设。同样的假设，也使政治调查人员试图预测选民的投票行为，或是让公司的市场营销部门开展焦点小组访谈。但是，研究表明，我们并非如我们想的那样善于解释影响自己偏好和行为的因素，请看如下这个真实实验。

SITUATIONS MATTER

情境实验室

让我们看看密歇根大学的迪克·尼斯贝特（Dick Nisbett）和蒂姆·威尔森（Tim Wilson）开展的一系列实验。在一个实验中，他们研究了消费者行为，要求几百名男性和女性被试评估不同的日常物品。其中一组被试检视了四双尼龙丝袜，试图确定哪一双最好。除了视觉上的检视之外，他们还可以触摸每件样品，评估它的触感、耐久性以及人们在评估这种商品时希望看到的其他任何特性。他们最终的偏好表现出了明显的从左到右的增长：平均来说，放在最右边的那双袜子得到了最高的评价，其次是它左边那双，依此类推。实际上，最右边的袜子被选择的次数，是最左边的袜子的 4 倍。

SITUATIONS MATTER

毫无疑问，对于那些狂热的袜类爱好者来说，这些数据非常吸引人，但是我们其他人能从这个研究中学到什么呢？首先，就个人而言，我学到在使用你那台从走廊里就能看见的工作电脑搜索“尼龙丝袜”之前，最好先关上门。其次，这项研究捕捉到了自省的局限性。因为，实际上，研究中用到的四双袜子是完全一样的。同样的品牌，同样的款式，同样的颜色。因此，我们可以预测，对于 A、B、C、D 四双袜子来说，它们得到的评价应该是相似的。实际上不是这样的，它们的评价会随着排列位置的不同发生系统性的变化，这使人想到消费者经常会在选择一件产品时犹豫不决，直到他们已经“逛了一圈”，看到了不同的备选项后才会决定。因为被试一般来讲会用从左到右的顺序检视丝袜。

然而，研究者如果完全依靠被试的自省性的解释，就不可能发现这一结论。当被要求解释自己的选择时，没有一个人会提到丝袜的顺序。相反，他们会谈论编织、光泽、做工，还有其他的产品特性，完全超出了像我这样尼龙丝袜初学者的想象。这些人不知道实际上是什么东西影响了他们的行为，但是这不妨碍他们做出解释，而且他们对于这些解释非常自信。当研究者直截了当地问被试，丝袜摆放顺序如何影响他们的评价时，“几乎所有被试都否认了这一点，通常还会心怀忧虑地瞥上提问者一眼，这表明他们可能觉得自己误解了问题，或者是在和一个疯子讲话”。

正如有些时候我们没能注意到影响自己行为的真正因素一样，如下这个实验则证明，在其他时候我们会表现出另一种倾向：考虑那些实际上没有产生影响的因素。

SITUATIONS MATTER

情境实验室

在这次实验中，尼斯贝特和威尔森让两组被试观看关于城市贫困的纪录片，一组在正常情况下观看影片，另一组则在观看影片的同时，还要忍受外面走廊里电锯发出的建筑噪声。

当被问到他们是否喜欢这部电影时，两组被试的回答没有出现有意义的差异。如果有的话，那就是听着建筑噪声看电影的被试，对于电影的评价会稍微积极一些。但是，当放映人员向听到噪声的观众道歉，问他们对于电影的评价是否受到了噪声的负面影响时，有超过一半，即55% 的人会回答“是”。再一次地，这些人对于是什么东西影响了他们的判断，给出了自信的回答，但是他们完全弄错了。

SITUATIONS MATTER

选民声称自己会无视负面的政治广告，陪审员会说他们不会受到不可采证据的影响，而我的小女儿不能再多吃一口晚饭，只因为她的肚子已经填满了。但是，数据表明：负面宣传确实有效，不可采证据不会被无视，而神奇的是，就在几分钟之后，我女儿的肚子里就有了足够的空间，她可以吃下一整个冰激凌，还有一些甜点。

因此，如果下一次你想要根据一些杂志上给出的关于“男人或女人真正想要什么”的调查结果，对自己的外表、衣服或是初次约会策略做出大的调整时，请三思，因为受访者可能确实充满自信地给出了回答，但仍然是有误导性的。我们很容易为自己的决定想出一些潜在原因，或是想出影响自己偏好的可能因素。困难之处在于让这些解释符合实际情况。

这些结论并不限于丝袜偏好或是影片评价这样微不足道的事情，让我们看看近期发表的一项研究。

SITUATIONS MATTER
情境实验室

研究者访问了 101 位准备接受髋关节置换手术的成年人。研究人员给了患者们一个清单，上面列有 25 个可能的原因，来说明他们为什么会计划接受手术。一年之后，研究人员又给了这些人同样的清单，并让他们对为什么接受手术，给出回溯性的解释。对于大多数患者来说，术前和术后的回答都有所不同。也就是说，他们在手术前给出的解释，与手术后给出的解释，存在显著的差异，特别是那些觉得手术效果没能达到期望的患者。

例如，在手术之前，有 36% 的被试说，他们很难穿上和脱掉自己的鞋，这是接受手术的一个重要原因。一年之后，这 36% 的人中，只有一半认为这是自己当初关注的问题。在手术之前，有 29% 的人说上下楼困难是一个主要原因；一年之后，这 29% 的人中只有不到 1/3 的人，将上下楼问题列为他们决策背后的重要原因。

这些患者并非特例，我们所有人对于一项决策的解释都会随着时间发生变化。你如何选定了自己的职业？为什么要选择某个专业？是什么让你想要与你的配偶结婚？这些问题很难回答，而且根据你所处的人生阶段、心境，以及提问者的不同，自省也会得到不同的见解。如果你对私人问题的回答会产生这样的变化，无论是随着时间、情境还是周围的人而变化，那么你就很难相信自省能让你直达真实的态度，以及无可争议的真正的自我。

多年以来，对于大学选择的问题，我给出过许多不同的答案。在学校时，我会说，因为我来自一所规模较小的高中，所以希望选择一所有相似感觉的规模较小的大学。而在毕业之后，我开始念博士之时，我会强调一所文科大学所能提供的研究机会。今天，当我用带有所谓智慧和洞察力的厌倦目光，再次回顾 17 岁的自己时，我会告诉你，我的家长在 7 天的时间里带我参观了八所学校，在这场大学考察的马拉松中，一所大学和另一所大学开始变得非常相似，直到后来我变得和普通的尼龙丝袜购买者没有什么不同，我决定参观的最后一所学校就是最好的那一个。

你可能会说，排除解释过去的决策，对其他形式的自我洞察，自省应该会更可靠一些。尽管清楚说明我们决策的原因要比我们期望的更难一些，但是对于那些高度个人化的想法，如我们喜欢什么和不喜欢什么，或是我们需要什么才能快乐生活，我们肯定可以给出准确的解读。对不对？

然而，行为研究者却持续地发现，即使是对于自己生活满意度的评估，简单来说，也是可塑的。你的生活有多快乐？这取决于不同的情况。如果你喜欢的运动队赢了比赛，或是你坐在一个装修得令人愉悦的、舒适的房间里，那么你就会觉得生活更快乐一些。如果外面阳光明媚，你就会对自己整体的生活更满意一些。该死，要想提高整体的生活满意度，只需要你在被问到相关问题之前，惊喜地找到一角钱的硬币。

正如哈佛大学的心理学家丹尼尔·吉尔伯特（Dan Gilbert）在《哈佛幸福课》（*Stumbling on Happiness*）一书中解释的，我们并不是很擅长预测将来有什么东西会让我们快乐。毫不奇怪，我们甚至没法弄清楚此时此地我们有多快乐！

对于许多个人的信念来说都是如此，其中也包括政治。如果美国人首先被问到一个特别受欢迎的共和党成员，如 20 世纪 90 年代中期的柯林·鲍威尔（Colin Powell），那么他们对于共和党人的评价就会变得积极得多。对于外表吸引力来说也是如此，当男性被要求评价不熟悉的女性的照片时，如果他们先看了《霹雳娇娃》里穿着性感的美女侦探，那么就会觉得陌生的女性更没有吸引力。对于共和党人的“真正”知觉是什么？或者，哪一种吸引力的评定是“真实”的？没办法知道。

毫无疑问，当我们将注意力转向内心，探索我们的态度、偏好和决策时，肯定可以学到一些东西。但是，自省带来的信息，有许多是转瞬即逝的，是在一个特定的时间点才构建起来的：我们认为自己的感觉是什么；我们猜测我们做出选择背后的原因。

> **通过内省，我们并不会对于一个固定不变的真实自我，获得一套稳定的印象。我们只是生成了一份临时的状态报告。**
>
> SITUATIONS MATTER

换句话说，自助大师们搞错了。我们对于我们是谁的感觉，与周围人的行为一样依赖于情境。即使他们的书籍热卖，主持的节目在尼尔森收视率调查中名列前茅，还登上了奥普拉脱口秀，自省还是没有像他们宣称的那样有效。

没有比较就无从了解

如果自省还不够，我们又能怎样了解自己呢？在这一方面，我们如何能解释自我感觉的情境依赖性？为了回答这些问题，我向你推荐一位伟大的、但是名不见经传的人，他对于人性之谜有着深刻的见解。当然，我说的不是别人，就是我妻子的先祖父——悉德爷爷（Grandpa Syd）。

爷爷没有在心理学或社会学这样的学科里接受过正式的训练，并不精通各种各样的科学方法，也不是一位来自常春藤盟校的行为研究者，而是一位来自克利夫兰的裤子销售员。但是，他通过自己无与伦比的方式，对人类行为有非常敏锐的观察。

他非常有趣。到目前为止，在这么多年的交往中，我最爱的悉德爷爷的一句话，是他喜欢在晚宴时说的，而且场合越正式，效果越好。他会拿起一样东西，假装传给其他人，然后用清晰而洪亮的声音说："萨姆，你那边要这个黄油吗"①（Sam, you want this butter up your end?）

遗憾的是，这个笑话和理解自我知觉扯不上任何关系。

不过，悉德爷爷说过的话里我第二喜欢的，与我们现在的分析很有关系。

① 这句话也可以理解为：你的屁股上要点这个黄油吗？——编者注

当我们给他打电话时，不可避免地，我们问的第一个问题是:“你还好吗？”。有的时候，他的回答是“H 和 D”，代表了“炎热（Hot）而无聊（Dull）”的简写，他用这两个词来描述在亚利桑那州太阳城的退休生活。但是，更经常的回答是“和什么相比？”。例如下面这样的对话。

问：“爷爷，你和奶奶还好吗？”

答：“和什么相比？”

现在，你们中可能有几个人会对这句话的出处提出反对意见，会说，嗨，这不是著名演员亨尼·扬曼（Henny Youngman）的话吗？我的回答是，嗨，所有东西不都是吗？就我关心的而言，这句话是，而且永远是悉德爷爷的笑话。而且，通过这简单而机智的几个字，我妻子的爷爷成功地把握了自我反思的一个重要的本质。

前文提到的柯林·鲍威尔和《霹雳娇娃》的例子说明，我们看待世界的方式，是多么依赖于比较：与鲍威尔混在一起，共和党人看起来就好多了；与《霹雳娇娃》主演之一的法拉·福西特（Farrah Fawcett）相比，或者，对于你们这些影迷来说，与卡梅隆·迪亚兹（Carmeron Diaz）相比，第一次见的女性看起来吸引力就会下降。正如悉德爷爷的口头禅笑话所暗示的，我们的感受、偏好，以及我们看待自己的方式，也取决于具体的比较基础。

你把现在的自己和过去的自己作比较。你把现实生活和理想生活作比较。但是，不是所有指导自我知觉的比较都是完全内在的，许多比较是针对他人的。实际上，我们经常很难回答关于自己的问题，除非我们能够与他人作比较。

回想一下上一次你坐在教室里，拿到论文或者试卷分数的时候，不管是几天前还是几十年前。如果你像我教过的大多数学生一样，或者，在这方面，像我做学生时一样，你的第一反应会是想知道平均分是多少，问问你的朋友，他的分数如何，或者偷偷瞄一眼坐在前一排的那个家伙的分数。即使没有一个严格的分数曲线分布，学生们也需要一些背景信息，来弄清楚如何将眼前的数字最好地转换成对个人能力的评估。在教室之外，我们也会依赖于这样的社会比较，来评估我们自己的能力，弄清我们的立场、成就和个人特质所处的位置。

简而言之，关于我们自己，一个关键的信息来源就是其他人。

SITUATIONS MATTER

在一些情境中，我们对于这种社会比较的需求要更紧迫一些。例如，如果存在客观的标准，会让这种比较变得不必要。希望知道我有多重、游得多快，或是跳得多高，我只需要一台秤、一只秒表，或者，对我来说，一只小短尺。但是，许多时候，对于我们最关心的自我评价，却不存在客观的标准：我是一个好的父母吗？我有多漂亮？我的人生成功吗？

像这样的问题，就需要悉德爷爷的回答，即和什么比。为了回答上述问题，我们需要与眼前的熟人作比较。这意味着，我们对于同伴的选择，会影响到我们如何看待自己。我们和谁在一起，对于我们相信自己是什么样的人，有着深远的影响。

作为一名中学生，身处在一所犹太走读学校的只有六个人的小班里，我以为自己是一个篮球奇才。如果你愿意，可以说是普通版的乐查姆·詹姆斯

（LeChaim James）①。进入一所世俗的高中之后，班级的人数有两位数，我发现，防守一位没有左手拿着小白帽右手运球的控球后卫，变得没那么容易了。一个交叉变向运球之后，我不得不下调自己将来得到体育奖学金的预期了。同样的过程，对更重要的自我判断也同样适用，包括之前简略提到的那些：做父母的能力、外表吸引力，以及个人的成功。没有哪种自我评价会太过私密，而不能以我们周围的人为指导。

请记住，我不是在简单地论证说，其他人会告知我们有关自我感觉的信息。这个结论太过明显和平凡了。我们大多数人都愿意承认，自己受到了一系列不同榜样的影响，特别是父母。而且，即使我们不愿意承认这一点，父母也会在下一次家庭聚会上急切地提醒我们。

更加令人惊讶的结论则是，影响自我感觉的，不只是我们的朋友、老师和爱人。同样产生影响的还有公交车上的陌生人、杂志上的女人，还有化学课上坐在前排的那个家伙。尽管他们并不知道，但我们经常会通过关注他们，来评估自己的能力和态度。我们的同伴影响了我们的身份认同、自尊，甚至还有情绪状态。

没错，即使是你解读自己情绪的方式，也会被周围的陌生人所控制。请看下面这个实验。

SITUATIONS MATTER
情境实验室

哥伦比亚大学的斯坦利·夏克特（Stanley Schachter）和杰罗

① 此处恶搞 NBA 球星勒布朗·詹姆斯（LeBron James），LeChaim 是犹太教的常用祝酒词。——译者注

姆·辛格（Jerome Singer）开展了一个心理学和生理学交叉学科的实验，向我们表明了这一点。在这项研究中，184 位男性被注射了小剂量的肾上腺素或是生理盐水。即使是剂量很小的肾上腺素，也会造成明确的生理影响：提高心率和呼吸频率，并让肌肉充血。同样剂量的生理盐水就不会产生这样的影响。因此，研究主要比较两组人，一组感受到了肾上腺素的兴奋作用，另一组则没有体验到这样的兴奋。

不过，被试并不知道自己被注射的是什么。他们都认为，自己接受的是一种叫“超氧化物”的维生素，并相信本研究的目的在于，检验这种维生素对于视力的影响。因此，那些在不知情的情况下注射了肾上腺素的被试，不知道自己兴奋的真实原因。

在注射之后，这些人被领到另一个房间，在最后的视力测验之前，被询问了一些问题。他们坐在另一个被试旁边开始填写问卷。但是，挨着他们的并不是普通的研究被试，而且他们做的也不是普通的问卷。房间里的另一个被试，实际上是与研究者同谋的演员，几分钟过后，他就开始尽自己所能，模仿脾气暴躁的前网球世界冠军约翰·麦肯罗（John McEnroe）向边线判罚提出异议的样子：他开始充满愤怒地嘲笑眼前的问卷。他诅咒编问卷的研究者。最后，他把问卷撕成了碎片，扔到地上，然后愤怒地冲出房间。在几秒钟的时间里，眼前的场景从一个视力研究，迅速蜕化成了关于经常引起争论的健康保险改革的市政厅会议。

这种愤怒的原因是什么？嗯，问卷涉及了私人的问题。更不要提侮辱性的问题了。其中一个问题要求回答者写出他们最需要精神病治疗的亲戚。另一个则要求写出最适于用“不经常洗澡”来描述的家庭成员。最夸张的是最后一个问题：

你的母亲曾经和多少男人（除你的父亲之外）交往过？

________10 个或更多

________5 ～ 9 个

________4 个或更少

当然，研究者感兴趣的并不是被试母亲的私生活。他们想要看看，演员的暴怒会造成怎样的情绪影响。那些被注射了生理盐水的被试，没有表现出什么愤怒行为。他们大多数人，只是看着发怒的演员，带着迷惑的好奇以及厌烦，有点像白宫官员看到拜登在麦克风边随口讲话时，脸上露出的表情。

然而，那些在自己不知晓的情况下，被注射了肾上腺素的被试，报告说他们自己感到生气。因为不知道自己兴奋的原因，他们循着演员的线索，认为自己一定也是被问题所惹恼。在本研究的另一个变体中，被试与另一位不知什么原因非常开心的演员配对，这个演员用文件夹垒大楼、玩纸飞机，并在房间角落里玩呼啦圈，以此来打发时间。在这里，被偷偷注射了肾上腺素的被试，不止和他一起玩耍，而且报告了类似的兴高采烈的感觉。

SITUATIONS MATTER

这些结果表明，即使是我们自己的情绪状态，也不是像我们想象的那样完全固定。愤怒与欢乐，都伴随着与肾上腺素造成的效果相似的生理症状：心跳加速、瞳孔放大、血糖升高。当我们体验到这些感觉时，我们的身体并不会自动地把它们翻译成相应的情绪状态。相反，我们望向周围的人，来搞清楚它们到底意味着什么，并决定在这么多情绪标签当中，哪一种最符合现在的情境：这个人肯定是在生气，而且他的问卷肯定是冒犯人的……嘿，我也必须要生气！

你的情绪、你的身份认同，还有你对于自己生活状况的感知，这些自我认知，没有哪一种完全来自私下的内部过程。它们都会受到，甚至依赖于你从周围的人那里获得的信息。

文化差异与自我认知

有时在生活中，有些人会直接告诉我们，我们到底是谁，或者应该是谁。在其他情况下，我们利用别人的表现作为比较的参照点。但是，在更加社会性的层面上，也可以观察到他人对我们思考自我的方式的影响，而更宽泛的社会背景，也会通过有意义的方式，塑造我们的自我感知。

> **你成长于其中的文化，既通过明确的指引，也通过更加微妙的提示，教会了你看待自己的方式。**
>
> SITUATIONS MATTER

在美国，有一句俗话说："吱吱叫的轮子先上油。"在日本，流行的谚语警句则是："伸出来的钉子会被锤下去。"这种大众智慧的差异，体现出了在这些文化中，人们在思考自己时，通常会有怎样的差别。

正如我在前面提到的，研究者发现，美国人，以及更宽泛的"西方人"，倾向于看重自己的独立性。在西方文化中，我们强调那些让我们与众不同的东西；我们会谈论每一个实现自身潜能的人。因此，电视教育节目会告诉我们，"每个人都是特殊的"。在学前班的课程里，建立自尊是其中的一个环节。吱吱叫的轮子会上油，而身份认同，用菲利安博士的话说，是由界定清晰的、内在的自我组成的。

当美国人、加拿大人或西欧人完成20句自我陈述测验时，他们会提到许多性格特征，以及其他稳定的属性："我很友善。""我很有趣。""我是一个外向的人。"西方人在感知他人的行为时，情况也差不多。确实，关于一个“核心自我”的观念，以及更宽泛的“所见即所得”心态，二者之间有许多共同点，它们都包括了一种思维模式，即关注性格、个人的独特性，以及独立于周围环境的实体自我。

这些观念与更强调相互依赖的自我观形成了鲜明的对比，这种自我观在日本、其他亚洲国家，以及许多非洲和拉丁美洲文化中都普遍存在。在这些社会中，身份认同通常更多的是一种集体性概念，强调一个人和周围的人之间的联系。也就是说，最有意义的思考自我的方式，是考察与他人的关系，以及一个人如何融入更宽泛的社会组织中。

日本人会怎样回答20句自我陈述测验？他们倾向给出的答案，更少涉及稳定的性格，更多依赖于情境：“我在学校中很努力。”“我对自己的孩子很有耐心。”“我正在上心理学课。”总的来说，完成这个测验可能会让他们有些尴尬，因为对于这种文化中的许多人来说，在缺乏背景信息的情况下做自我评定，是一种相对来说不太熟悉的要求。

当然，就像所有的概括总结一样，这种文化心态的差异是一种倾向，而非一条铁律。个人的优点和成就在亚洲社会中并没有被忽视，人际凝聚力对于北美人来说，也不是一个陌生的概念。但是，很明显，自我感知随着文化的不同而变化，而且一个人甚至不需要离开北美地区，就能观察到这一点。为了说明这一点，我请你想象如下场景：你正走在一条狭长的走廊里。一个人向你走来，在经过你身边的时候，拒绝让路，因而撞到了你的肩膀。然后他送给了你一个粗俗的新绰号。你会如何回应？

我知道我会怎样回应，因为在13岁的时候，我和朋友们一起在本地的郊区商场闲逛时，就遇到了类似的情况。我的反应是什么？在两年的时间里，我会找出各种有创意的借口，不再去这个商场。在我填写20句自我陈述测验的时候，很少会写到“勇气”。

你的回应很可能取决于你在哪里长大。当行为研究者将年轻的美国人暴露在这种体验中时，为了简便，我们将它称为“混蛋”场景，那些在美国南部长大的人，与在北部长大的人相比，反应非常不同。与北方人相比，南方人如果被撞了肩膀，并受到了侮辱，会表现得更愤怒，更容易认为他们的男子气概受到了威胁，甚至由于睾酮水平的提升，更容易做出报复行为。

为了解释这些发现，研究者引用了美国南方大部分地区普遍存在的一种“荣誉文化”。他们参考了人类学家和历史学家的著作，提出南部边疆地区以畜牧业为基础的经济，与缺乏恰当的法律干预相结合，让南方的男性发展和表达出了一种强调强硬态度的身份认同。在这样一个社会中，即使是微小的侮辱，也需要公开的回应，因为不这样做，就会招来更多的压榨。与此相似，在一些当代的城市地区，甚至在监狱中，声望也非常重要。研究者论证说，在这样的环境中长大，一个人会欣赏一种强硬的、绝不容忍侮辱的自我感知；也许这也解释了，为什么由争吵引起的凶杀案，在美国南方更普遍。

数据很清楚：我只能做一个很糟糕的牧人，而且在街头斗殴中，你不要指望我会站在你这一边。但更重要的是，无论是跨文化研究还是“混蛋”研究都表明，情境对于我们的自我感觉会产生深远的影响，而且这种影响是从日常情境和文化思维模式中产生的。当我完成 20 句自我陈述测验的时候，我旁边站着的人会影响到我的回答，而更宽泛的成长环境也会产生影响。

我们是彻头彻尾的社会生物，受到周围环境的影响，即使是那些最个人化的思维过程也是如此。

SITUATIONS MATTER

镜子原来是谎言大师

为什么你对自我的感觉，会随着情境变换而发生如此剧烈的变化？这是因为在很大程度上，它取决于你身边的人是谁，以及你在哪种文化中长大。这是因为，在转瞬即逝的时空中，自省仅仅能把握到感受的一个临时片段。但是，还有另一种解释。

为了说明这一点，请思考一下这个问题：你开车的技术怎么样？

如果这是一个开放式的问题，确实很难回答。因此，你可以使用0～100的量表，0表示世界上最差的水平，50表示平均和平庸的水平，100则表示世界上最好的水平。从0到100之间选择任何一个数字来评估你的车技排在什么位置。想好你的答案，然后再往下读。

现在，考虑另一个问题：你的领导力水平如何？同样地，请使用0～100的量表，将自己与普通人作比较。

你现在头脑里应该有了两个数字，这两个数字量化了自我概念的两个具体方面。

我赌五块钱，它们都大于50。

没错，我愿意用自己的钱下注，你以及本书的每一个读者，都会将自己评定为高于平均水平的司机，以及高于平均水平的领导。

从一种纯粹理性的角度来看，这个赌局对我并不利。据我所知，车技和领导力一般没什么关系。实际上我想指出，私人司机这个职业的存在，意味着领导者越成功，就越不可能自己开车去任何地方。因此，如果算一下我打赌赢钱的概率，你有一半的可能性是一位高于平均水平的司机，也有一半的可能性是一位高于平均水平的领导，但是这两个概率是相互独立的。把它们相乘，你在这两个领域都高于平均水平的可能性，只有 25%。

你和我在未来并没有见面的打算，因此即使我输了，你也不容易拿到钱，但是除此之外，为什么我会愿意打这个赌呢？因为我赌的不是你确实在这两项上都高于平均水平。

我赌的是你会认为自己是一个高于平均水平的司机和领导。而且据我计算，我赢下这场赌局的概率是输掉的两倍。

把 100 个人放到一个房间里，如果你有足够的创造力和精力，可以针对任何领域，收集关于他们能力排序的数据。从数学的必然性来看，一半人会低于平均水平，另一半人则会高于平均水平。

但是，如果把同样的 100 个人放到一间房子里，问他们自己的能力如何呢？每个学期我都会这样做，问我课上的学生刚才那个关于车技的问题。我解释了 0 ～ 100 的量表。我让他们把自己与“平均的大学生”相比，而非平均的一般人。这是为了防止潜在的争议，因为如果我课上的学生与他们的祖父母相比，确实都是高于平均水平的司机。在他们举手表明是否认为自己高于平均之前，我甚至会让他们闭上眼睛，以避免同辈压力或尴尬的感觉。

这 100 个学生睁开眼睛时会怎样呢？他们看到了 85 位同学举着手。

每个学期，在我的学生中，10 个人里都会有 8 个人报告自己是高于平均水平的司机。我要提醒你，这是在波士顿。

一家保险公司近期开展了一项“你对于交通法规了解多少”的调查，在全美 50 个州中，马萨诸塞州的居民排名第 48 位，而波士顿正是这个州的首府。在这个州，车管局认为有必要开设所谓的“司机态度再培训”课程。在这个州，侵略性的驾驶习惯如此出名，甚至在新英格兰的其他地区，它的名字催生出了一个粗俗的合成词，被印在T恤衫上，即“麻省混蛋”（Masshole），这个词是由“马萨诸塞”（Masschusett）和“混蛋”（asshole）组合而成，用来指代马萨诸塞州开车鲁莽的司机；如果你所在地的时装店选择太少，可以考虑穿这个。

为了公正对待其他的波士顿人，我要插一句，这座城市非常厌恶道路网格和直角，却热衷于环路和单行道，而且对于路牌完全漠不关心，以至于即使用谷歌地图也只能胡乱瞎猜；你可以试试在这座城市里开上几个月的车是什么感觉。

当然，从数学角度来说，有 85% 的人高于平均水平，这在任何人群中，都是十分荒谬的。

但是，研究表明，这种过度自信效应（better-than-average effect）足够稳定，可以让我们在上面下注：大多数高中生会告诉你，自己有高于平均水平的组织能力，大多数大学生在与他人相处方面比一般人更强，大多数大学教授都有高超的学术造诣，而大多数已婚的成年人在婚姻关系中都要比常人更快乐。哦，还有，我们大多数人都比一般人更好看。

有问题却也有趣的一点是，这种倾向在那些能力最差的人身上更加明显。正如《美国偶像》的粉丝会告诉你的那样，我们越不擅长某件事，就越会认为自己擅长它。对于像语法这样基础的领域，如果知道的太少，我就没法评估自己的语法到底有多差。或者对这件事来说，它是多么差。

因此，尽管发声课程可以提高我的歌唱水平，英语课可以提高我的语文水平，但是颇有讽刺意味的是，这种能力的增长却可能会让我意识到，自己还有多长的路要走。

简而言之，即使自我知觉没有那么依赖于情境和他人，一个“真实的”自我仍然是很难把握的，因为我们经常没法看到自己真实的样子。我们感知自己的过程，通常不太强调准确性，而是关注于自我提升和自我抚慰。

SITUATIONS MATTER

就像节食的人愿意用“友好的”秤评估自己的进展一样，我们经常感到需要估量自己到底是谁，做得如何，但我们不想看到完整的、准确的现实。

这种倾向有多么根深蒂固？你可以找个朋友试试下述实验。首先，随便写下两列颜色，这样你可以得到一个像下面这样的配对列表。

蓝色	黄色
绿色	紫色
白色	粉色
黑色	金色
橙色	蓝色
黄色	银色
紫色	黑色
红色	绿色

有没有重复的颜色无所谓。实际上，无论你是用颜色、冰激凌口味，还是布拉德·皮特和安吉丽娜·朱莉六个小孩的名字，都没有关系；这只是一个热身活动，来让你的朋友偏离常轨。给朋友看这个列表的时候，你可以让她尽可能快地阅览，圈出每一对里她最喜欢的那一个。

你需要再准备第二个列表，形式相同，但是需要用字母表中的字母。这一回你就不能把它们随便组合了。每一对字母都应该包括一个你朋友名字中的字母，还有一个不在你朋友名字中的字母。因此，如果你和我是朋友，你可能会制作出下面这样的列表，其中目标字母用粗体标出。

S	P
K	M
Z	A
P	M
S	O
W	A
W	M
S	K

现在，让你的朋友和此前一样，尽可能快地圈出每一对字母里她喜欢的那个，不要想太多。当然，这是一个奇怪的请求，但是在经过选择颜色的热身之后，就没那么奇怪了。

大多数人都会更多地选择自己名字中的字母，比例超过了概率水平的50%。我们非常喜欢自己，甚至在无意识的层面也是如此。而且，这种将自己和积极情绪联系在一起的倾向，在更有意义的决策中也会出现。

不管你信不信，统计分析都表明，有超常比例的名叫弗洛伦丝（Florence）的女性住在佛罗里达州（Florida），还有佐治亚州（Georgia）的乔治娅（Georgia），路易斯安那州（Louisiana）的路易斯（Louise），弗吉尼亚州（Virginia）的弗吉尼亚（Virginia）。而且，丹尼斯（Dennis）和丹尼丝（Denise）比别人更有可能去当牙医（dentist），拉里（Larry）和劳拉（Laura）更有可能成为律师（lawyer），乔治（George）和杰弗里（Geoffrey）更有可能成为地球科学家（geoscientist）。想想谁会在加拿大萨斯喀彻温省（Saskatchewan）从事肠胃病学（gastroenterology）工作，这不禁让人颤抖。

如同过度自信效应一样，这些与姓名相关的惊人发现表明，我们有一种从自我提升的角度看待世界的倾向。当我们面对自己的短处和失败时，这种自我服务的倾向特别容易出现。

确实，我们有一整套策略，来让自己在面对日常生活中那些羞辱和威胁的体验时，依然能够维持积极的自尊：

- 我们享受着别人的荣耀，即使他们的成功和我们没什么关系。我们可能会吹嘘儿时就认识某个名人，虽然当年的关系其实很淡泊，或者在母校的橄榄球队取胜之后，佩戴上学校的徽章；无论是哪种情况，与胜者同行的感觉都很美妙。体育馆出售的那些巨大的泡沫手指，上面没有写着“他们是第一名”，这也是有原因的。

- 然而，如果我们想通过与他人比较来了解自己，那么心理操纵的理想对象，就变成了那些碌碌无为的、不成功的人。为什么我们会偷窥前排的人考了多少分？部分是因为，我们希望找到评估我们自己表现的背景。但是，在遭遇失败或其他挫折之后，我们经常会想用“至少我比那家伙强”的结论来安慰自己。

- 当我们的自我激活时，即使是服从“所见即所得”的倾向，也会被抛到一边。我们认为别人的过错体现了性格缺陷，却将自己的失败归咎于外部因素。如果排在你前面的顾客将收银员多找的钱放进口袋里，你会觉得他不诚实；如果你自己做了同样的事，则是因为收银员很粗鲁，或是你要赶时间，而且你很确信店家一开始就虚标了高价。

我们用对自我有利的方式，来看待周围的世界。

SITUATIONS MATTER

当然，这些策略相当于自我欺骗，但是它们也可以帮助我们渡过生活的难关。将我们自己加入到别人的成功故事中，在事情出问题时躲避谴责，而且在面对未能达成的期望时，像这样的策略可以带来恢复性的效果；它们为我们缓冲了负面反馈的威胁。而且，我们看待自己时戴上的这种有色眼镜，也说明了为什么了解“真实的你”，并不像有些人告诉你的那么容易。

拥抱情境，反思自我

那么，自助领域的大师们应该对你讲些什么呢？他们是否应该在你面对镜子审视自己的时候，将你从歪曲现实的习惯中唤醒？给你强行灌输一点现实，就可以帮助你看破迷雾，认识真正的自己了吗？

不。

现实也并非如声称的那样。当然，拒绝接受关于自我的真相会带来一些问题。想想那个参加应酬喝酒的人，他相信自己可以开车回家，因为与他的朋友不同，他酒量很好，何况，就像 85% 的人那样，他认为自己是一个非常棒的司机。而且，如果你总是找那些不太成功的人作为社会比较的对象，那怎么可能取得进步呢？如果你从不为任何错误承担责任，那你不成了一个让人难以忍受的吹牛大王了吗？

不过，即使这样，为了自我稍微有点夸大其词，仍然是所谓标准的重要组成部分。在我们所坚守的那些不现实的自我观念中，有许多确实是幻觉，但这些幻觉是积极的，没有它们，我们就会整天处于痛苦之中，或陷入自我怀疑的泥沼。与那些不那么满足的人相比，对自己生活满足的人，会表现出更多的自利倾向：从不切实际的高度自我评价，到对未来的过度乐观，再到夸大对自己身边事情的控制感。

类似这样的发现，挑战了传统智慧对“正常”的定义。问问大多数抑郁症患者在想些什么，他们会描述一种过度消极的人生态；就像《小熊维尼》（*Winnie-the-Pooh*）里那只忧郁的驴子伊尔一样，事物在他们眼中，要比实际上的更加阴暗。但是，因自我服务的动机而扭曲真相的现象如此常见，那些看上去正常或快乐的人，实际上可能远离了真实情况。一些研究甚至表明，完全准确而未经过滤的自我知觉，是与抑郁联系在一起的。不信？请随我走进下面这个实验。

SITUATIONS MATTER

情境实验室

宾夕法尼亚大学的劳伦·阿罗伊（Lauren Alloy）和林恩·阿伯拉姆森（Lyn Abramson）开展过一系列研究，在这些研究中，男性和女性被试完成了一份关于抑郁水平的书面测评。紧接着，他们被各自领到不同的地方，坐在一盏绿灯前，身旁有个按钮。他们被告知，当研究者发出一个信号之后，他们可以选择按下按钮，或者不按。有的时候，在按下按钮之后，绿灯依然亮着。另一些时候则会灭掉。实际上，在本研究的大多数版本中，按钮对于绿灯完全没有任何影响；不管被试做了什么，它都会按照事先设定好的时间点亮或熄灭。

每个实验环节的末尾，都会询问被试，他们觉得自己对于绿灯有多大的控制力。那些在先前的问卷中得分属于抑郁范畴的被试，会准确地报告说他们几乎没有控制。他们能认识到，按钮和灯光之间没有任何关系。但是，非抑郁的被试看到的东西却有所不同。这些“正常”人会夸大自己对绿光的控制力。

SITUATIONS MATTER

同样的错觉在其他人身上也能看到，如那些过度自信的患者，相信自己可以打破概率，免受治疗副作用的影响；或是那些迷信的体育迷，认为自己观赛时穿的衣服，会改变场上的结果。类似于这样的信念，在日常生活中很常见。

因此，自我标榜带来的扭曲似乎就像红酒、巧克力和金·凯利（Jim Carrey）的电影一样，在适度享用时可以带来积极的效果，但是如果太多，就让人难以消化了。简而言之，一点点的自我美化，可以帮你抚平负反馈和悲伤结局带来的伤痛，为自我提供缓冲，直到自尊恢复到足够的水平，再继续追求长期的目标。通常来讲，能让我们心安的，并不是关于自我的准确认识；一点自我欺骗，可以帮助我们从挫折中站起来，超越失败，蹒跚前进。

你是否希望成为一个更快乐、更有效率、更成功的人？你是否已经投身到了自助产业的市场当中？如果是的话，不要再担心应该如何发现真正的自我。忘掉这些所谓的“真实”的自我。相反，你应该学着接受灵活的自我。

是的，你的自我知觉是依赖于情境的。此外，内省在不同的时候会带来不同的信息。你对自我的感觉会随着你身边人的变化而变化。身份认同是可塑的，而个人偏好是临时建立起来的。但是，这些消息并不糟糕或令人痛苦。

那么，如果你不是你自认为的那个人，至少在大多数时候不是如此，又会怎样呢？没什么了不起的。让这个结论赋予你力量，而不是让你惶恐不安。

你并不是一个成品，这是个令人振奋的认识，此时此地的你，与彼时彼地的你，可能并不是同一个人。实际上，带来问题的是那种认为，自我是一个固定实体的观点。如果你假设有一个核心的真实自我等着你去发现，那么你的潜力就会受到限制，而且你会觉得周围的世界充满了威胁，需要用合理化的方式把它们驱散。请考虑一项关于中国香港的大学新生的研究。

SITUATIONS MATTER

情境实验室

本次实验中，研究者给这些大学新生被试呈现了一系列关于智力稳定性的陈述，包括“你的智力水平是固定的，你没法做什么来改变它”和“你可以学到新东西，但你没法改变你的基本智力。”基于对这些观点的同意程度，研究者将大学生们分为两组：一组认为自己的智力是预先决定的、稳定的实体，另一组则认为自己的智力更有可塑性。

接下来，研究者问这些新生是否愿意在接下来的一年里参加一门英语补习课程。不出所料，那些在高中英语资格考试中得到 A 的人，与那些只得到 C 或更差成绩的人相比，更不愿意参加这项课程。但是，即使是在成绩不佳的学生中，那些认为智力水平不可改变的人，也认为没有必要下功夫补习。他们认为，在英语方面，自己已经达到了可能的最好水平，为什么还要费心呢？只有那些成绩不佳，但认为自己的智力没那么固定的人，才愿意参加那些他们确实需要的英语课程。

SITUATIONS MATTER

换句话说，正是把自我视为一个静态的、稳定的实体的这种看法，让我们变得有防御性，并开始习惯于自我欺骗。将智力这样的属性看成一种固定的能力，如此一来，糟糕的考试成绩，或是低于平均水准的业绩表现，就变成了无法忍受的威胁。与此相反，你应该训练自己接受这样的观点，即将智力以及任何其他个人技能，看成是肌肉一样的东西，投入努力可以成长，忽视之后则会萎缩。如果你同意“我是谁”这个问题的答案，是用铅笔写下的，而非钢笔，那么威胁就会变成一种机遇，失败就变成了人生的教训。即使这并不是你通常看待事物的方式，但从现在开始也不晚。

因为在一项后续研究中，这些中国香港的研究者展示了改变你思考自己的方式有多容易。他们给另一组被试看了一些虚构的科学文章，这些文章要么把智力描绘成恒定不变的，要么描绘成可塑的。那些被诱导而认为智力水平是恒定不变的人，选择了捷径：如果在任务中表现糟糕，他们便不会继续坚持，并且在之后也会逃避新挑战。只有那些被告知智力是可塑的学生，才表现出了坚持不懈的精神，而这种精神对于自我提升是非常必要的。

还可以考虑另外一个研究，斯坦福大学的美国学生被要求与“处在危险中的”中学生做笔友。这些大学生被引导在信里鼓励这些小孩子，说自己上学的时候也曾遇到过困难，但仍坚持不懈，最终取得了学业上的成功。他们被要求强调这样一种想法，即先天能力被过分高估了，智力“不是一种有限的天赋，而是一种可以扩展的能力。”

这些信是否真能帮助那些中学生在受挫后恢复原状？我们无从知晓，因为这些信从未被寄出。但是，仅仅是写下这些信，都为这些大学生自己带来了持久的影响。数月之后，那些写信人自述对学校生活的享受程度，仍然要高于斯坦福学生的平均水平。他们的平均分数，在一个四分的量表上，也足足高了近三分之一。写信的效果在非洲裔美国学生中尤其强大；对于那些多元化的大学来说，如果想要补救非白人学生中常见的糟糕成绩，那这个研究发现拥有广阔的应用前景。

那么，自助领域的大师们应该告诉你什么呢？

应该告诉你，遭遇失败和挫折之后，你恰恰需要记得，自我是灵活的。

应该告诉你，你最好关注努力以及其他可控的因素，而非天赋。

应该告诉你，你可以忘掉“不要做一个 ____ 的人”这种想法，无论你推测的真实自我有怎样的不足。

考试成绩不好？季度收入预测很糟糕？在名人舞蹈节目中第一个被投票淘汰？现在，你认识到了自我知觉真实的运作方式，知道了将挫折归咎于无望改变的能力缺陷所带来的危险。但是，你也知道，不能仅仅是习惯性地耸耸肩膀，将它归咎于坏运气，或是他人的错误。相反，强迫你自己思考一下可改变的内外部因素，甚至为它们列出一个清单，这样下一次就会带来更好的结果。

无论你是一个受困于英语的中国香港地区的学生，还是一个斯坦福的笔友，如果你认同了自我的可塑性，美妙的事情就会发生。不管自助书籍里怎么说，你并不需要为了捕捉到你核心的身份认同，或是重新找到你内在的自我，而彻夜不眠。心灵鸡汤和带编号的清单都被过分高估了。

相反，你现在可以开始欣赏这一点：**在不同的环境里，你是不同的人。**

认识到今天的你，不必支配明天的你。

此外，请接受这一点，即“真实的”自我并不是圣杯（Holy Grail）那样的东西，除非你打这个比方的意思是，你不确定它是否真的存在。

UNDERSTANDING HOW CONTEXT TRANSFORMS YOUR WORLD

SITUATIONS MATTER

05

破解情境，挑战差异

关于男性和女性之间的差异，我们早已知道得太多：男人来自火星，女人来自金星；男性更擅长理科，女性更细心；男性的攻击性更强，女性更温柔；一个分不清方向的路痴更可能是女性，一个在游戏中输出暴力的玩家更可能是男性。

男女之间真的有这样明显的差异吗？又是什么导致了男女之间的差异呢？也许，是时候重看这一切了。

有成百上千的研究表明，无论年龄、文化还是地域有何差别，男性的物理攻击性都要高于女性。

对报纸上征婚广告的统计分析表明，女性倾向于寻找年龄更大的、收入稳定的伴侣，男性则更加强调潜在配偶的青春和外表。

在一次正式的晚宴上，我女儿当时只有两岁，她口无遮拦地说，女孩的屁股让她们只能坐着尿尿，而男孩的屁股则让他们能站着尿尿。

从很小的时候我们就知道，男性和女性之间存在着无数种差异：预期寿命的长短；潜在收入的高低；是否在婚礼上哭泣；是否喜欢在上厕所时看东西；等等。这种明显的性别差异（gender gap）[①]的陈词滥调，既为脱口秀提供了笑料，也是更加重要的学科的研究对象，具有重大的社会意义。

尽管各种性别差异存在于各个领域中，但它们在一个方面是相同的，那

① 从技术角度讲，“sex”是一种生物学的描述，而“gender”则是一种社会建构，涉及角色、知觉和身份认同。但是，在日常语言中，就像许多人口学调查问卷所反映出的那样，我们会或多或少地把这两个词混用。——编者注

就是我们思考它们的方式。与性格和个性一样，我们通常认为性别差异是固定的，即这些差距是由内部因素造成的，稳定不变，甚至不可避免。当我们听说男性更有可能做某事，或者女性更擅长某事时，我们的第一反应是从生理学、激素或先天禀赋的角度出发，来给出内部的解释。换句话说，就像某些畅销书作家的名言所说，男人来自火星，女人来自金星。

那么，为什么男性更有攻击性呢？我们假设，是因为睾酮，即男性本性如此。为什么女性更喜欢年纪大一些的、有事业心的男性？因为在我们的祖先所生活的那个更危险的社会中，伴侣地位高的女性，在自然选择中获得了优势。诸如此类。

这种认为性别差异来自先天且不可改变的观点，忽视了情境的关键作用。正如情境影响了我们的自我感知，决定了我们是保持被动还是采取行动，令人惊讶的是，有许多性别差异也是依赖于情境的。将男性和女性比作来自不同星球的生物，这种比喻直接有趣，听起来很有吸引力，但是归根结底，这不过是外太空版本的“所见即所得”罢了。除了我女儿的解剖学发现之外，我们这些地球上的男男女女，彼此间的相似程度要远远大于差异，至少，在如何看待社会宇宙并做出反应方面确实如此。

前面的章节揭示了他人通过何种方式塑造了我们的想法和行为。但是，情境的力量并不一定总以某个具体的形式发挥作用。情境的影响也可能更加微妙。在性别方面，我们身边通常不会有什么具体的人，来告诉我们男性应该怎样，女性应该怎样。相反，无声的期望和社会规范，这些更加微妙的力量，导致了性别差异的出现。让我明白这一点的，不是我的学术研究，而是我初为人父的经历。

我作为三兄弟中的一员而成长起来，在过去的几年里，两个女孩的父亲这个新身份，给我带来了一次又一次的冲击。在这段岁月里，我通晓了各种服饰领域的概念，如吊带背心和连胸围裙。我可以充满自信地讲出发带和发夹的优劣。我还发现自己可以解释芭蕾舞中单脚站立和屈膝的区别，而且如果我后背感觉还行，甚至可以为你亲自演示。

不过，在过去的几年里，在我身上发生的最大变化也许是，我对大人经常向小孩子传递的性别化信息变得很敏感。例如，每个女儿过生日时，家族中的一些成员都会赠送绣着字母的被子作为礼物。他们不想每次都送相同的礼物，因此第二次时会换一个不同的颜色。于是，我们现在有了一床粉色和绿色的被子，还有一床是红色和蓝色的。据美国儿童家居和服饰品牌儿童陶瓷坊（Pottery Barn Kids）的专家说，差异不止在配色上，根据官方产品目录中的名称，我们有一床“女孩被”，还有一床“男孩被”。

这到底是什么意思？其实，这两床被子上绝大多数图案都是一样的，如它们上面都有代表 A 的苹果（apple），还有代表 B 的方块（blocks）。在其他字母上，有细微的不同：在男孩的被子上，画着一辆空的货车（wagon），代表 W；而在女孩的被子上，货车里还有一个娃娃。

然而，也有一些更明显的差别。男孩有一支代表 P 的铅笔（pencil）。为什么不呢？男孩将来会成为建筑师、作家、绘图师。

女孩呢？她们的被子上绣着钱包（purse）。女孩喜欢购物。

下一页的图是 R 和 S 的部分。左边是男孩的版本，用收音机（radio）代表 R，流星（shooting star）代表 S。右边是女孩的版本，R 用戒指（ring）来代表，S 则用鞋（shoes）来代表。

男孩的被子

女孩的被子

就男孩和女孩不同的成长环境来说，这些被子只是冰山一角。它们捕捉到了那些牢固的性别规范，从孩子一生下来，我们就在向他们传递这些规范。仅仅在成为父母几分钟之后，这些新手爸妈就可能认为他们的女儿是“细致的”“柔弱的”，他们的儿子是“强壮的”。尽管如此，人类的新生儿实际上很像蜗牛，几乎无法分辨它们是雄性还是雌性，除非你把它们翻过来，朝它们吹气。

我的大女儿曾告诉我，她想要成为小飞侠彼得·潘（Peter Pan），或是万圣节的骑士，因为在她看过的电影里，女主角“不会做任何有趣的事”。这种说法确实很难反驳。这些女性角色基本上只关注家事，以漂亮的外表耐心地等待着王子或是其他男性的营救。对她们来说，能够努力争取自己选择丈夫的权利，就是拥有人格力量和独立精神了。而且，这 80 分钟的性别化信息，只是一天中的一小部分。在一些文化里，法律条文或宗教教条仍然明确规定男性和女性拥有不同的机会，这让因性别期望带来的问题更加恶化。但是，在性别方面，即使是更微妙的社会暗示，也会对我们思考和行动的方式产生很大的影响。

这一章从情境的视角出发，探索性别问题。它涉及的情境因素包括普通的婴儿棉被、迪士尼动画里的公主、快餐外卖车道，以及课堂和工作场所中传递出的更加制度化的性别期望。它将挑战根深蒂固的性别差异观念，追问这些差异到底在何种情况下会出现，又在何种情况下会消失。因为，情境确实很重要，即使是在性别这样基本的差异上，也同样如此。无论你是父母、校长、经理还是市场营销人员，这个结论都很重要。

我们很少会反思日常情境如何塑造我们的性别观念，也很少会反思男性和女性之间那些明显的差异到底在多大程度上依赖于情境，而非不可避免。

SITUATIONS MATTER

即使是那些接受过最好教育的人，那些最有影响力的人，在思考性别问题时，也经常会忽视情境的作用。只要问问拉里·萨默斯（Larry Summers），你就知道了。

女性糟糕的数学成绩？

不能回避的是，在科学、工程和数学领域，女性所占的比例非常少。2005 年 1 月，美国国家经济研究局在马萨诸塞州的坎布里奇召开了一次会议，旨在探索这种差距。会议的特邀演讲者之一是拉里·萨默斯，时任哈佛大学校长。

在一次午餐讨论会上，萨默斯讨论了在名牌大学中，科学和工程学职位上的性别差距，他评估了三种可能的解释。第一，是他所谓的“高强度工作”假设，这种观点认为女性更不可能为了获取这样的工作，而去服从必要的时间安排，在家庭方面做出牺牲。第二，他讨论了两性在数学和科学领域存在先天差异的可能性。第三，他谈到了社会方面的因素，如将男性和女性推向不同学科的社会化压力，以及雇用和晋升方面可能存在的歧视。

在那之后不到两个月，在很大程度上就是因为这次演讲，哈佛大学的教员们通过了一项关于校长的“不信任”提案。那年冬天，萨默斯递交了辞呈。

他的言论为什么会带来如此大的影响？不管怎样，用萨默斯自己的话说，他只是描述了“三个宽泛的假设，探讨了巨大的性别差距背后的原因，而这种差距正是这次会议论文的内容。”而且，他一点也没有忽视这个问题，恰恰相反，在演讲的末尾，他说：“我认为，我们都需要非常努力地思考，找到改进这些问题的办法。”那么，为什么会有争议呢？

萨默斯之所以惹上麻烦，是因为他不只是呈现了三个值得继续深入探索的假设那么简单。他还根据这三种解释在他眼中的相对重要性，对它们进行了排序。如果他只是提出，女性数学家和科学家的相对缺乏可以归结为与家庭相关的压力，或是先天能力的差异，抑或是社会期望，那么不会有什么争议。但是，他继续说道：“在我眼中，这三种解释的重要性顺序，也许就和我描述它们的顺序一样。”

很容易明白，为什么哈佛大学有这么多人，会因为校长在女性比例过低这个问题上相信先天能力比社会和制度因素更重要，而感到不舒服。毕竟，无论是教员的绩效评估还是薪水的提升，他都是那个拍板的人；而他却认为性别差异在很大程度上是生理层面的、不可避免的。甚至在萨默斯发表这次演说之前，许多教员已经质疑了他在性别平等方面的承诺：他在位期间，哈佛大学提供给女性的终身教职数量出现了巨大的下滑，甚至在上一年新雇用的 32 个人当中，只有 4 个女性。因此，尽管有些局外人和媒体批评家公开谴责了对萨默斯的革职，认为他是过度狂热的“言论警察”的受害者，但我们很容易理解为什么那些在他领导下工作的人会有这样的担心。

尽管我和萨默斯住在同一个城市的两端，而且不在他的管辖之下，但他的言论还是让我感到不安。这场风波过后，每当在闲谈中提到他时，因为他的名字和我很相似，我都感觉有必要送给他一个用括号括起来的中名，即拉里·（和我没有任何关系）·萨默斯。这种将我与他的言论撇清关系的冲动，不是出于政治上的考虑，而是因为科学方面的忧虑。如你所见，萨默斯的结论除了引发争议之外，也是完全错误的。实际上，错了两次。

让我们仔细看看萨默斯言论中的一小段：在为自己的立场争辩时，他声称“人类的心智倾向于在看到社会化的假设时就会接受它们，但这些假设在许多时候其实是错误的”。

真的吗？

让我们逐条分析这些论断。首先，是人类心智倾向于接受社会化的假设的论证。这是萨默斯随口讲出的论点，没有提供任何真正的支持性证据。你已经了解了“所见即所得”心态的相关内容，萨默斯的论点与它们完全相悖。

想一想吧：在游乐场里，当母亲试图为儿子的粗鲁行为开脱时，她会利用社会化的假设，声称他之所以如此表现，只是因为这是社会对男孩子的期望吗？当然不会，她会耸耸肩，说出“嗯，你知道，男孩子就是这样”之类的话。

在分析丈夫的不忠行为时，无论是政治家、运动员还是隔壁的邻居，会不会倒向社会化的假设，争辩说在这种丑恶行为上，社会对男性要比对女性更宽容，因此强化了男性的不忠倾向？恰恰相反，我们首先就会开始争论一夫一妻制是否与男性的天性相违背。

此外，当畅销书作家宣传他关于性别差异的心理学观点时，他是否把书的名字定为“男人被教育成火星人一样，女人学会了做金星人？”当然不是。他采取的是典型的“所见即所得”观点，认为男性和女性可能就是来自不同星球的生物。

尽管萨默斯这样宣称，但我们其实并不会被社会化的假设所吸引，事实恰恰相反。对于性别差异，我们的本能反应是提供内在的、先天的和不可改变的解释。我们常常在公开场合表达相反的观点，那只是因为担心自己会表现出性别歧视，这是一种对于政治正确的服从。拉里·萨默斯搞反了。

不过，无可否认的是，萨默斯的言论中更为重要的是第二部分。他认为社会化假设“在许多时候其实是错误的”，对于这种观点应该如何评判？如果萨默斯是对的，那就有确凿的证据证明他遭到了不公正的公开审判。如果正如他所说，在诸如科学和数学这样的领域中，性别差异具有跨情境的稳定性，不会随着情境和期望而变化，那么尽管仍然会有争议，但至少会有研究证据的支持。

不幸的是，这方面的研究数据对他也很不利。不过，不用太为他感到难过，我确信他会在别的地方东山再起，就像奥巴马政府的经济政策主管一样。

大约在萨默斯演讲的 10 年之前，密歇根大学的三位研究者，即史蒂夫·斯潘塞（Steve Spencer）、克劳德尔·斯蒂尔（Claude Steele）和黛安娜·奎因（Diane Quinn），就开始探索数学方面的性别差异究竟有多么稳定。

SITUATIONS MATTER

情境实验室

三位研究者的第一个研究非常直截了当：他们招募了 28 名男大学生和 28 名女大学生，让他们完成一个困难的标准化测验。这些学生在学业方面都取得了很高的成就，研究要求他们的 SAT 数学成绩排位需要达到前 15% 或更高。

研究的结果也非常直截了当：男生的测验分数远高于女性。实际上，男生的平均分是女生的两倍。性别差异如此巨大，让萨默斯的那种简单解释看起来非常诱人。

不过，研究者并没有急于得出两性在数学能力上存在差异的结论。相反，他们继续深入探究，想知道为什么会出现这种差异。在这个研究中，女生在每道题上花的时间和男生一样多，但是为什么女生的分数要低这么多？为了回答这些挥之不去的疑问，研究者开展了另外一项研究，这一次不只是简单的两性比较，他们还操纵了测验开展的情境。

具体来讲，新招募的男生和女生被试中，有一半仍然在正常的环境下完成数学测验；另一半则接受了一套不同的指示，从而完全改变了他们体验到的情境。在测验之前，第二组人被告知，尽管之前有些研究发现了数学能力方面的性别差异，但另一些研究却没有。这些学生被告知，他们将要参加的测验属于后一种，研究表明，这种测验不存在任何性别差异。

这一点小小的变化，带来了巨大的改变。那些没有接受额外指示，直接参加测验的学生，再一次地表现出了性别差异：男生的分数比女生高三倍。那么，那些被告知测验不存在性别差异的学生，又会怎样呢？他们没有表现出任何性别差异。这些男生和女生的平均成绩几乎一样。

SITUATIONS MATTER

这是一个非常惊人的发现。所有学生完成的都是完全相同的数学测验。在常规情境下，男性的平均表现超过了女性，这种差异符合数学能力存在稳固的甚至是先天的性别差异的观点。但是，告诉学生们说，这个测验被设计成“性别中性的”，又会怎样？如果题目没有涉及橄榄球里的进攻战术、睾丸护理之类的东西的话，性别差异就完全消失了。就像实验中的第二次测验那样。

描述一项测验的方式并不是可以消除或是放大两性在数学上差距的唯一的情境因素。如果是在两性混合的群体中解决数学问题，那么女性的表现没有男性好，但是当测验在单一性别群体中开展时，这种差异就消失了。当给女性展示一系列描绘了女性注视着男性，或是去购物的广告，那么她们就会在之后的数学测验中表现不佳；但是，如果她们观看的广告描绘的是聪明且表达能力清晰的女性，那么就不会出现性别差异。

另外还有一项研究，听起来有点像我在初中时反复经历的梦魇：在这项研究里，研究者甚至检验了穿着泳衣对于数学测验的影响。他们到底是怎么做的？

SITUATIONS MATTER

情境实验室

在这项研究中，被试被告知，研究的主题是消费者偏好。他们被带到一个私密的更衣室，里面有一个全身镜，还有一架子泳衣，包括男性的泳裤、女性的连体泳衣，被试被要求穿上最合身的那一套。

接下来，就像攀登珠穆朗玛峰的人每过一两公里就需要停下来适应一段时间一样，学生们被告知，他们有 15 分钟的时间来适应身上不熟悉的衣服。为了打发这段时间，他们可以帮助隔壁教育系的研究者，完成一项看上去完全无关的数学能力测验。

穿着防水的人造纤维泳衣，男性在数学测验上的成绩超过了女性。而另外一批幸运的被试，被要求试穿的是毛衣，性别差异在他们中要小得多。

这些发现告诉我们，两性在数学上的差距并不是稳固的、不可避免的。它取决于情境、视角还有期望。实际上，这种差距令人惊讶的脆弱。如果连测验指示语的微小改变，或是一件漂亮的羊毛衫，就能减少甚至抹去性别差异，你就没法相信这些能力差异是先天的、不可改变的。

SITUATIONS MATTER

这些不同的研究，都得到了同一个情境性的结论：如果提示女性社会对她们的数学能力期望不高，那么她们就会表现得较差。无论是所谓的男性大脑基因优越性的科学结论，还是让人想起物化女性思想的泳衣，仅仅是暗示出基于性别的刻板印象，就能产生足够的威胁，来降低女性实际的数学表现。

想想吧，在这些研究中，几乎不用花费什么精力，就可以让女性开始担忧自己可能符合女性先天数学能力不足的期望，仅仅是男性在场就够了。实际上，只要想到数学就够了：如果告诉女性，数学测验是性别中性的，那么她们就可以表现得很好，但这并不是她们的默认倾向。女孩子不适合数学，这种信息是自我实现的。近期的教育学研究表明，这种观点在课堂中得到了强化，如果小学女老师自己对数学有焦虑，那就可以预测出班上女生对数学的焦虑会增强，成绩会下降。

女性能够如此容易地被诱导去想起社会对自己数学能力较差的预期，这反映出了一个现实：性别化信息的冲击从人们很小的时候就开始了，而且从未真正停息。我所说的不只是我女儿们的被子。还记不记得在 20 世纪 90 年代早期，那些臭名昭著的会说话的芭比娃娃欢快地提醒着女孩们"数学很难"？好吧，原话实际上是"数学课很艰苦"，但意思相同。

多亏了电影、电视剧、玩具还有被子，小姑娘甚至不需要离开舒适的家就可以了解到，社会在数学方面对她们有着怎样的期望。答案就是，期望不高。

与萨默斯所说的相反，如果你不考虑社会因素的主要作用，就没法解释科学和数学领域的性别差异。先天决定论的生物学解释得不到数据的支持。更不要说从一开始，睾酮会让男性被勾股定理所吸引的说法就讲不通。Y 染色体到底怎样有助于做除法？毫无疑问，经过了一代又一代，自然选择会让男性和女性朝着不同的方向进化，但是为什么这里会涉及三角学？

最后一个例子，在 1983 年的 SAT 数学成绩超过 700 分的学生中，男孩和女孩的比例是 13∶1。大约 30 年后，比例变成了不到 3∶1。30 年是很长的时间，这段时间里美国换了五任总统，邮费上涨了两倍。但是，这点时间根本不足以出现进化上的反转，或是抹平男性和女性大脑的内在差异。这些解释完全说不通。

论证说两性在数学方面的差异主要来自先天的、不可改变的能力差异，它不只在政治上不正确。它本身就是错的。

SITUATIONS MATTER

男性攻击行为的迷思

也许你从来没有真的相信过男性在数学方面的优越性。因此，虽然这种性别差异如此脆弱，也不会让你感到特别惊讶或印象深刻。那么，对于所有性别差异里的“老大哥”又如何呢？男性比女性更有攻击性，这个证据充分的结论，究竟是否正确呢？对于这种性别差异，情境因素是否真的起到了作用？

正如本章开篇所谈到的那样，大量的研究已经发现，无论是年龄还是文化上，男性的物理攻击性要高于女性。此外，就像在诸如科学和工程这样的领域里，男性占据支配地位一样，行凶行为也是如此，无论是行凶者还是受害者，大多数都是男性。

对于这种性别差异，存在生物学的解释：无论是基于人类还是动物的研究，都认为睾酮与攻击性存在着直接的关系。

不过，这种性别差异的本质，取决于你如何定义“攻击性”。如果严格地从生理角度讲，男性确实比女性更加有攻击性。但是，字典里对于攻击性的定义并不限于身体行为；相反，它们描述了一种更加宽泛的旨在造成伤害的敌对行为种类。如果你把定义的范围扩大，就会发现女性实际上与男性一样有攻击性，只不过，她们的攻击形式通常看起来有所不同。

儿童发展研究已经发现，从小学低年级开始，男孩就更容易表现出直接形式的攻击性，如身体上的支配，或是言语攻击，而女孩更多地采用非直接的方式来造成伤害。她们的攻击行为主要体现在操纵社会关系，如努力劝说群体不与某个特定的孩子做朋友；散布流言蜚语或者对着全班同学说某个孩子穿的衣服不是正品。

在严格的身体层面，攻击性更多的是一种男性的倾向。但是，如果从社会或关系的角度定义，那么女性在这场两性之间的惨烈战斗中就占得了先机。而且，如果你从更加宽泛的角度考虑“攻击性”，那么无论从哪个角度，都很难找到稳固的性别差异。

SITUATIONS MATTER

即使限制在物理攻击领域，性别差异也没有我们想象的那样稳固。当行为科学家在实验室中研究攻击行为时，如给成年人电击别人的机会，或是通过耳机用白噪音轰炸另一个人，那么男性确实更经常地表现出攻击性。但是，如果被试首先被激怒了，那么性别差异就消失了。也就是说，尽管女性确实比男性更少地主动做出攻击性的互动，但是在面对侮辱或直接的威胁时，她们同样具有物理攻击倾向。

此外，另一个你已经熟悉的情境因素，也可以消除攻击性方面的性别差异，即来自权威的直接命令。米尔格拉姆著名的服从研究，同时也是对于攻击性的考察，在这个研究中，被试相信他们对另一个被试进行了残忍的，甚至致命的电击。与大多数人的预期相反，米尔格拉姆没有发现攻击行为方面的性别差异：在他的研究中，女性与男性的表现并无不同，两者施加电击的次数和强度一样多。

因此，在被激怒时，或是收到直接的命令时，女性与男性一样会表现出物理攻击性。此外，女性并不缺乏攻击性方面的动机，她们只是较少通过物理攻击表达出来。存在基于先天或生物学因素的攻击性性别差异的这种观点得不到上述结论的支持。相反，女性与男性经常有相同的攻击倾向，只不过女性不得不在大多数时候把这些感觉压抑在心底。看起来有什么东西限制了她们的手脚，或者至少使她们用不那么明显的，或是不那么容易辨别的方式，将攻击性表现出来。

让我们再看看那些被子。或者，更准确地说，那些无处不在的关于性别的社会规范。人们不期待女性表现出攻击性，而男性即使拳脚相加，也只是在表现出他们的本性而已。因此，女性通常会压抑住攻击性的一面，不让它表现出来，除非有明显的借口。或者，她们会试图用更加隐蔽的方式制造伤害。

这些攻击性方面的性别规范只是我的臆测吗？如果是的话，又怎么解释在我女儿的被子上，代表M字母的东西，对于女孩来说是“花边”（macrame），对于男孩来说却是“砍刀”（machete）？

好吧，其实这些是我编的，无论男女，代表M的都是“月亮”（moon）。但是，确实有清晰的证据表明，性别规范与表面上的攻击性性别差异有关。在下面这个研究中你将会看到，如果研究者将男性和女性放到同一种情境里，在这种情境中性别不重要，甚至不可辨别，那么“火星人”与“金星人”在攻击性上的差异就消失了。

SITUATIONS MATTER

情境实验室

在普林斯顿大学开展的一项研究中，研究者从校园名录里随机邀请了84位学生，6人一组来到实验室。到达之后，每组中有3人被要求坐在前面。他们在硕大的名牌上写下自己的名字，并被大声询问了一系列涉及他们个人背景和经历的问题。研究者向这3人解释说，在研究的过程中，他们的表现会被仔细监视。

在这段时间里，另3人一直待在教室后面。他们不用回答问题，不用戴上名牌，而且被告知他们的表现会保持匿名，好为研究创造出一个匿名的对照组。他们就坐在那里，静静地观看。

之后，所有 6 个学生都被带到一间机房，分开落座。他们接下来的任务是玩一个策略游戏，既要守卫自己的领地，也要攻击对手的领地。每个被试玩的游戏都相同，都要对抗一个由电脑控制的对手，但是他们认为自己是在和房间里的另一个人玩。

学生们会多积极地攻击他们的电子对手？坐在房间前面的、戴着名牌的那一半人，表现出了熟悉的性别差异：在每局游戏里，女性只会使用 27 个炸弹，而男性会使用 31 个。女性的游戏方式没那么具有攻击性。

在匿名的那组被试里，有趣的事情发生了。因为被告知他们的个人表现不会被评估，所以他们充满自信，认为没人会知道自己做或没做什么，于是每个人都变得更有攻击性了。更值得注意的是，女性的攻击性不再低于男性。当不再担心给别人留下的印象，也不再担心自己被别人“期待”如何行事时，女性送出的平均“炸弹”数量超过了男性，即 41∶37。

甜心辣妹，人畜无害，是的……但是只要没人瞧着，她们一点也不怕撕去伪装。

到底谁是真正的路痴

我的方向感不佳。我曾经拐错了弯，穿过了错误的桥，一不小心开到了别的州。在饭店上卫生间的时候，为了再回去时能找到我的桌子，我必须记住并回忆出之前走过的路线。有一次，我在开车上学时迷路，以至于最后开回了家，错过了那天的课，要知道那时我已经在这所学校上了四年学。

不幸的是，我的副驾驶也帮不上什么忙。我妻子自称无法看懂地图，而我在车里要求指路的请求越急切，她就变得越慌乱。在 GPS 带来美好世界之前，我们要想找到不熟悉的地方，唯一的办法是让她开车，我来查地图。

我知道，我知道……我们确实令人印象深刻。你可能会觉得，我们的基因早在许多代人之前就应该消亡了，但我们还在这里。

我们在方向感方面的不同缺陷，更多的是我们个人的问题，而非任何普遍的性别差异。但是，导航只不过是生活中的一个方面，人们期望存在更多性别差异。比如，认为男性更有方向感的刻板印象，或是认为女性更不容易迷路，因为不像男性那么顽固，她们愿意停下来问路。

至少，前一种信念得到了空间能力方面的科学文献的支持。多年以来，许多认知科学家已经比较了男性和女性在各种任务上的表现，如立体视觉和心理旋转。在一系列研究中，被试完成了所谓的“心理切割测试”（Mental Cutting Test）。这个测试没有听上去那么变态，它要求被试识别出一个物体被切成两半会是什么样子。其他的研究则要求男性和女性探索一个虚拟的迷宫，或是判断如果将某个特定的二维图案折叠可以得到哪种三维图形。

在过去几十年成百上千的这类研究中，尽管具体的性别差异随着任务的不同而不同，但有一个清晰的结论，即男性的表现好于女性。无论是心理切割、折叠还是旋转，如果你愿意，可以管它们叫空间能力的三项全能，一般男性的表现都超过了一般女性。

尽管这些任务看起来可能微不足道，这种性别差异却具有一些社会意义。想想吧，图形旋转的能力对于一系列有意义的活动都很重要。如实施工程、有机化学实验、挪动家具和玩俄罗斯方块。毫无疑问，这种研究恰恰就是萨默斯本来在论及男女思维的先天差异时，可以援引作为支持的证据。

公平地讲，确实有一些具有说服力的证据表明，在空间能力方面存在性别差异，生物学和先天的过程起到了一定的作用。否则，无法解释发展心理学家的发现：当被要求判断一个旋转过的物体在之前是否见过时，五个月大的男婴的表现就超过了女婴。而且无法解释神经科学家的发现：女性的空间能力随着激素水平的波动，在月经期表现更好，在排卵之后表现更差。

因此，尽管本书致力于宣传情境的力量，但我并不会说对于性别差异问题不存在生物学方面的答案。这是一种非常离谱的观点。生物学因素确实影响到了男性和女性的思考和行为方式。

不过，这些思维和行为上的性别差异，并不像我们想象的那样普遍或稳定。在许多时候，情境的影响要超过生理学。男性在空间能力方面的优势，像其他性别差异一样，也是依赖情境的。你可以像对待数学能力那样，消除这种差异：让女性相信，刻板印象并不符合现实的情况。下面这个实验将帮助你更好地看清这一点。

SITUATIONS MATTER

情境实验室

在这项研究中，德国的研究者要求 161 个成年人完成一项测验，被试以为这项测验测量的是对他人共情的能力。一半被试读到的材料描述了一位顾家的女性，只做兼职；其他人读到的材料则描述了一位自信的男性，有权有势。接下来，被试被要求想象自己是材料中的主角，然后回答一些问题。

之后，所有的被试完成了 9 道图形旋转问题。在想象自己扮演女性角色后，女性被试只答对了 3.9 道题，男性被试则平均答对了 5.1 道题。但是，在对男性领袖共情的那组被试中，空间能力的差异消失了：女性被试与男性被试一样，平均答对 5.5 道题。

SITUATIONS MATTER

对于看起来非常稳固的性别差异来说，这是一个惊人的发现。但是，这也不是什么新闻。在数学表现和攻击性方面，你已经了解到了类似的情境影响。空间能力研究教给我们的，不是对于女性较低的表现期望，而是外在的性别，会让我们忽视更有影响力的因素。

性别不只意味着生殖系统和激素，或是在一次我愚蠢地以为是独自淋浴的时候，一个学龄前的小孩告诉我的事：爸爸的乳房比妈妈小，但更多毛。性别还预测了不同的生活经历，以及那些非生理层面的差异，它们经常可以解释在诸如空间能力这样的领域中的性别差异。

为了理解空间表现的性别差异，你不需要愚弄他人，或分散他们的注意力。并不一定必须要求被试想象有权势的男性，或是让他们相信自己是匿名的，更不需要鼓动他们穿着泳装完成测验。你需要做的全部事情，就是思考一下，在心理旋转和前往不熟悉的地点方面，性别究竟意味着什么。你只需要问问你自己，有没有其他重要的差异与空间能力有关，而解剖学上的性别只是这种差异的近似代表。

答案，或者说答案之一，太过寻常和浅薄，几乎让人难以置信：要想解开空间认知方面的性别差异谜题，一个关键是……电子游戏。

在 2007 年，加拿大的心理学家开展了一项普通的心理旋转研究，结果与往常一样，男性的表现优于女性。但是，这些研究者不只记录了大学生被试的性别。他们还测评了他们认为有可能用来预测空间能力的其他特征，如年龄、专业，以及玩电子游戏的频率。

这一想法因其简洁性而令人印象深刻。学生玩电子游戏的时间越久，寻找不熟悉地点、操纵视觉物体，以及评估新图像的能力，就得到了越多的锻炼。无论是男性还是女性，游戏经验都应该带来更好的空间能力。这正是研究者发现的结果：那些每周玩 4 小时以上游戏的学生，在心理旋转任务上的表现超过了那些不玩游戏的人。

性别呢？任何人只要去过街机厅，就会同意一个事实，那就是电子游戏并没有什么内在的男性化属性。但是，很少有人会反对，年轻男性投入游戏上的时间，要远远多于年轻女性。只要问一问那个最近被请到我们家工作的烘干机修理工就知道了，他骄傲地告诉我，他为了节约开支，决定取消电话业务，但没有放弃 Xbox 游戏的月费，这让他可以在游戏中与身处欧洲的陌生人对抗。很显然，他的女朋友对他的经济复苏计划就没有那么多热情了。

我要忏悔，我也花费了太多的时间和金钱在这样的事上。我年轻的时候，就像我认识的许多人一样，把许多个暑假花在了没有窗户的游戏室里，为了“打通下一关”而错过学校的正式聚会，还有大学时任天堂游戏公司的橄榄球联赛，需要在凌晨两点钟横跨校园，与电脑控制的对手踢比赛。如果我把这些精力中的一小部分，用于与别人开展有情感意义的对话，据说，这是女性常规的做法，那么也许在我的长时记忆中，会有更多的部分用于记住朋友的生日，或是他们的配偶和孩子的名字，而不会浪费那么多空间，来记住游戏秘籍。

男性和女性在接触电子游戏方面的差异，是否真的可以解释空间能力上的性别差异？为了研究这个问题，这个加拿大的研究小组开展了第二个研究。

他们招募了过去四年里没有游戏经历的学生，再一次发现男性在空间能力测验上的分数高于女性。

接下来，这些学生开始了为期四周的高强度“电子游戏特训”。他们多次来到一个研究室，玩上几小时的第一人称军事射击游戏。这种为期一个月且不那么基础的训练效果如何呢？被试的空间测验分数出现了整体提升，对于女性来说尤其如此。而且，这种改善持续了很长时间：五个月之后，电子游戏训练对于空间能力的积极效果仍然存在。想想吧，要是整个童年都投入电子游戏中，又会怎样呢？

电子游戏研究带给我们的启示有两点。第一，妈妈们搞错了。把一个夏日的美好午后花在阴暗的地下室或是肮脏的街机厅里，去探索虚拟的城堡，躲避猴子扔的木桶，并不是在浪费时间，我们只是在为工程方面的事业打好基础。

第二，性别是一个棘手的研究课题。如果假设研究者想要评估药品 X 的疗效，他们会随机安排一些患者吃药，另一部分则不吃，或是吃某种安慰剂。接下来，比较两组人最终的结果。治疗组和控制组如果是随机分配的，那么研究者就可以有信心地认为，研究最后发现的任何差异，一定是来自药品 X。

不过，无论科学家怎样努力尝试，都不可能给研究被试分配性别。研究者能做的，就是比较自然出现的男性与女性之间的区别，然后试图解释出现的任何差异。这是大多数性别研究遵循的方案。这意味着我们的“所见即所得”倾向让我们径直接受了内部的解释。

男性在空间能力测验上的成绩好于女性？一定是因为生理学、激素，或者性别分化的进化压力。

小女孩的读写能力要比同年龄的男孩高出一个水平？也许是同样的内部过程在起作用，只不过方向反了过来。

这些都是我们首先想到的答案。有时，我们在这方面走得如此之远，甚至会编造出根本不存在的先天生理差异，如伊甸园寓言中亚当多出来的肋骨。而实际上，男性和女性的肋骨数量相同。

我们很少会停下来考虑一下，两性之间那些与生理差异相伴的不同经验。比如：对性别规范的接触，这些规范声称男性和女性应该或擅长做哪些事；或者其他非性别的差异，这些差异伴随着男性和女性之间的对立。又如，男性和女性打发空闲时间的不同方式，以及这些活动怎样影响了特定的认知能力，或如何干扰了其他好习惯的培养。

对于男性和女性的空间能力，正如婴儿和月经研究所展示的，生物学在其中起到了一定的作用。但是，我们太过习惯于推测性别差异的生理基础，而非直接地检视它们。如果我告诉你，最新的研究发现，65 岁的女性和同龄的男性相比，更善于哄小孩睡觉，或是倾听处于绝望中的朋友的倾诉，或是管理家庭预算，你会把这些差异归结到雌性激素上吗？或是大脑结构的性别差异？我很怀疑你会这样做。那么，在其他性别差异上，如心理能力和空间能力，你最好也避免选择这种先天论的解释。

破解情境，挑战差异

性别规范和性别差异之间的关系可能是一个因果难定的问题。许多人争论说，性别差异是首先存在的。没错，我们对男性和女性有不同的期望，但是这些期望已经超出了先天的性别差异。我们期待男孩而非女孩会与朋友摔跤，出去几分钟就弄得满身杂草，把纸巾卷成剑，因为男孩就是会被这些活动吸引。

本章的目的之一，是让你思考另一种可能性，哪怕只有很短的时间。相信我，我知道我要对抗的是什么：我们的期望先于许多观察到的性别差异，这几乎不可能是一个受欢迎或是符合直觉的论点。我听过许多既有儿子又有女儿的家长解释说，他们的孩子好像天生就来自不同的星球，一个喜欢撞墙，另一个则会开展小心而系统的探索。此外，研究者现在也越来越关注生理学的解释，如将怀孕期间对睾酮这类激素的接触与孩子的大脑结构和之后的社会倾向联系在一起。

性别差异来自生理上的差异，我们习惯于这种观念。它很合理。不管怎样，男性比女性更高、更重。那么，为什么男性就不能先天就具有更好的方向感呢？或者更不善于控制自己的脾气？

不过，请问问你自己，如果许多看上去非常稳定的差异，实际上非常依赖于情境，这意味着什么呢？

> **只要让女性相信她们是匿名的，或是强调广为人知的性别规范在当前的情况下不适用，你就可以抹去数学、方向感，甚至是攻击性上的性别差异。**
>
> SITUATIONS MATTER

即使是睾酮和攻击性之间的关系，也没有科学家一开始想象的那样牢固。近期欧洲的一项研究发现，如果告诉女性她们口服了一些睾酮，就会让她们在与对手讨价还价时，采取一种更有攻击性的方式，而这正是我们假设睾酮会起到的效果。但是，当她们真的服用时，却没有这样的效果，正与我们的预期相反，女性更可能给出公平的、慷慨的第一报价。关于睾酮的效果，更精确的结论似乎是，它提升了寻求和保持社会地位的动机。在一些情境里，这意味着身体上的攻击性，但在另一些情境里，它却有助于建立共识，或是努力避免纠纷。

回到父母知觉的问题，如你所知，我有两个孩子。她们来到这个世界上，也表现出了非常不同的特点，如睡眠模式、头发的颜色、热狗佐料的选择，还有支持哪支棒球队。在这些倾向中，有一些似乎比另一些看起来更加取决于先天因素。但是，因为我有两个女儿，我无须假设她们之间的差异来自性别。

由于不受这种默认预期的限制，我还注意到她们的能力和局限还有她们的喜好，会随着情境变化而剧烈波动。在大女儿表达她对儿童电影女主角的不屑之前的一周，巧合的是，因为天气预报说我们在海滩度假期间可能会下雨，所以为了以防万一，我买了最初的《星球大战》三部曲。因此，在之前几天，我们打开了第一盒 DVD。

不到一个小时的时间里，她就将感恩节的装扮目标调整为《星球大战》的女主角莉亚公主。此外，睾酮和舞枪弄剑之间的联系至多也只能说是很脆弱的。

即使没有被性别规范造成性别差异的论证所说服，你也很可能会同意，关于性别的社会期望放大了已有的差异。**无论是数学表现、攻击性，还是空间能力，提醒人们男性和女性被期望如何表现，都会放大两性间的差异。**

此外，这种基于性别的规范如此普遍，甚至会在你意想不到的地方跳出来。在点快餐的时候，我预期会被问到许多问题，如“要不要超大号？”“套餐里要什么饮料？”“你清楚，吃这个会减少一个月的预期寿命，是不是？”，但是“男孩还是女孩？”并不在其中。

不过，在上一次的全家旅行中，我为了方便而放弃了营养方面的考虑，决定买快餐。在点了两份儿童餐后，我就被问到了这样的问题。我如此猝不及防，不得不让服务员重复了他的问题，而这与他奶昔形状的对讲机的通话质量完全无关。

当我追问他为什么想要知道是男孩还是女孩时，他解释说，他需要决定开心乐园餐附送什么礼物。我要承认，我女儿们实际拿到的玩具公仔，看起来差不多。但是，为什么服务员需要知道我有儿子还是女儿？为什么他们不能直接问：“玩具船还是玩具小马？”如果性别规范在快餐店都如此猖獗，那么还有任何地方能躲开它们吗？鬼脸（Grimace）和汉堡神偷（Hamburglar）[①] 对我孩子的生殖系统如此感兴趣，这让我有点儿害怕。

简而言之，我们在看待世界时，很难抛开性别。再一次，想想人们对新生儿的反应是什么，即使这次不涉及被子。所有人在孩子出生后，甚至出生前，想知道的第一件事就是快餐店服务员想知道的那个问题：男孩还是女孩？不是体重或头发的颜色。不是小孩是否继承了妈妈漂亮的眼睛，或是爸爸的丑耳朵。大家想知道的就是性别。

我二女儿出生后，在医院的保育所，她摇篮下的卡片上用最醒目的字体标明了“我是一个女孩”的宣言（参见下图）。不是她的姓，不是她父母的房间号，甚至也不是医生的联系方式，而是她的性别，用粗体字印在一张恰如其分的粉色卡片上。

---

① 他们都是麦当劳的吉祥物。——译者注

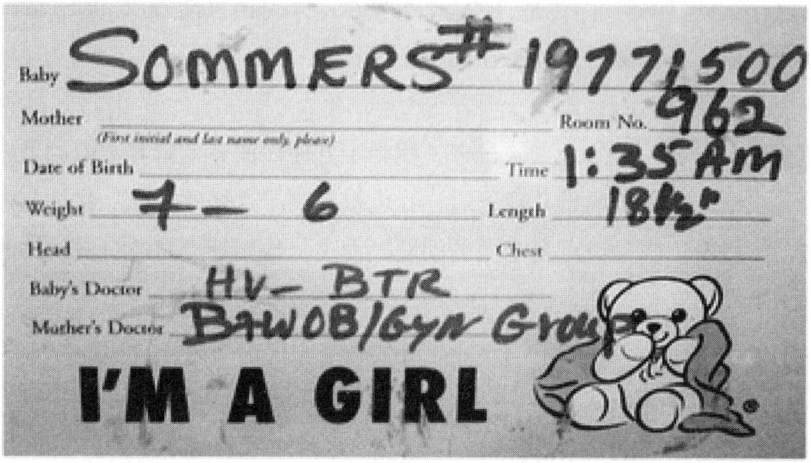

这张卡片拼命强调“我是一个女孩”，你不要忘了这一点！

你可能会说，关注性别是一件很自然的事。在听说婴儿健康之后，还有什么别的事情要知道吗？头发、皮肤这些事与“男孩还是女孩？”的重要问题相比，都是次要的考虑。了解到婴儿有 46 厘米长，完全只是出于好奇心；而了解孩子的性别，却可以让你预见未来，可以让你开始勾勒这个小家伙未来的生活道路。

> **了解到婴儿的性别之后，我们就启动了期望的循环，让这个人一生都活在这些期望的阴影之下。**
>
> SITUATIONS MATTER

亲戚问“男孩还是女孩？”，以便决定送什么颜色的衣服，弄清楚应该送书还是玩具，我们自己考虑孩子将来可能成为什么样的人，也会从性别出发。

离开医院之后也没有什么变化。即使是婴儿，过往的行人也总会询问手推车里的是小男孩还是小女孩。无聊的好奇心？也许吧。或者我们只是如此习惯于让性别来影响决策的内容，甚至不了解这种信息，我们就不知道应该如何继续。正如我发现的，如果不能从孩子的衣着上推测出性别，那个70岁的老人会变得怒气冲冲。

“哦，看看他，他真机灵。”在我带着大女儿出门的时候，我经常听到这样的话，大概是因为她的头发如此稀少，而且我们拒绝用透明胶带粘一个蝴蝶结在她的头皮上。

“是的，她确实如此。”我回答说。

对方首先会下意识地道歉，好像没有什么事情比弄错六个月大婴儿的性别更糟糕一样。但是接下来，不可避免地会跟着一个更加愤怒的、指责性的反应，旨在提醒我，这个窘境是我的错。比如：“但是，……她外套上有个蓝色的飞机？！”

在某个地方，美国第一位独自飞越大西洋的女飞行员阿梅莉亚·埃尔哈特（Amelia Earhart）翻了翻身，在她的……不管她在哪里，她都不会高兴，肯定是这样。

那么，本章传达的信息到底是什么？本章不是在说性别差异是想象出来的；不是在说在意男性和女性的独特属性总是错的；不是在说你应该忽略掉性别，或是假装小男孩和小女孩完全一样。

真正的信息是，**情境甚至可以影响像男性与女性这样的差异，这种差异影响了我们看待世界的方式，而且这种差异看上去有非常明确的生物学基础。**

但我们在早年间学到的性别差异，并没有看上去那么稳固。实际上，就像我们的社会宇宙中的其他许多东西一样，它们也是高度依赖于情境的。它们自我实现的程度远远比我们想象的还要大，它们都是来自我们自己对男性和女性应该是什么样子的期望。

如果你用这种方式思考性别，你就会意识到，作为家长、教练、老师或是经理，你拥有影响别人对成就的预期的能力。你可以主动地这样做，如作为老师，你可以径直告诉学生们，在数学能力上没有固定的性别差异，或是选择对男孩和女孩都有吸引力的主题阅读书目。作为小企业主，你可以打破常规，指派一个男员工来组织办公室的节日聚会，让一个女员工来研究公司技术升级的最佳方案。

你也可以用回应性的方式这样做，比如，如果女儿在商店里喜欢蓝色的“男孩自行车”，作为父亲，你可以利用这个机会，讨论“针对特定性别设计的交通工具”这种想法有多荒唐。你也可以用更微妙的方式做到这一点，甚至不用说一个字，就好像当上小学的儿子在公共场合大哭时，母亲没有退缩或压抑，而是允许他在面对一个有挑战的社会情境时，抛开冷静的状态，做出发自内心的情绪反应。

你对性别的信念，不止影响了你的孩子、主管和下级的信念，也影响了他们实际的行为。你想要世界发生什么改变，你自己就要先做出这样的改变，这对于性别期望来说，尤其适用。

SITUATIONS MATTER

我要承认，在这里我只给出了一些宽泛的行动方案：只要相信性别并没有不可避免地决定或者限制人类的潜能，那么你周围的人就会跟着这样做。我会再给你三条具体的建议，都与和小孩子打交道的方式有关，他们最容易受到他人的影响，且可塑性最强。

1．留意性别规范。它们无处不在。并不是说所有的规范都是不好的，正如我之前说的，它们是维持社会机器运转的润滑剂。如果我们知道别人对我们有什么期待，我们又可以期待周围的人如何行为，那么应对新情境就变得更容易了。但是，在性别问题上，尽管规范可以让生活变得简单，它们带来的副作用却远远超过了好处。性别规范几乎不可避免地会带来刻板偏见和限制。

不要轻易赞同有些性别期望是积极的这种说法。即使是所谓好的性别期望，也会带来问题。例如，说女性是养育型的，意味着什么？这种说法暗示了，在诸如政治和商业领域中，在底线思维①、困难决策和领导力的其他方面，女性不如男性。它迎合了一种心态，将女性化的特征与职业上的成功对立起来。

意识到性别化信息无处不在之后，你可以在被子上找到它们，在开心乐园餐里找到它们，在故事书和电视里找到它们，也可以在坚持区分“男孩玩具”和“女孩玩具”的商店货架和网站上找到它们。甚至在情感歌手的浪漫旋律中，在建议父亲们如何对女儿好的时候，他们也断言“男孩不怕摔打；摔打他们你才能发现他们能承受多少东西”。创作歌手约翰·迈耶（John Mayer）的《女儿》（*Daughters*）是一首朗朗上口的歌曲，但是就像许多流

① 底线思维（bottom-line thinking）是一种思维技巧，拥有这种技巧的思想者会认真计算风险，估算可能出现的最坏情况，并且接受这种情况。——译者注

行音乐一样，歌词里蕴含着令人惊讶的寓意。相比之下，女孩被认为是脆弱的，或者至少没那么坚韧。更不要提，迈耶在抚养儿子方面，好像采取的是电影《全金属外壳》（*Full Metal Jacket*）中新兵训练的路线。

你没法保护你的孩子或是任何人免于性别规范的影响。但是，你可以了解在哪里能找到这些规范，做好准备，并就这些信息展开对话，否则它们就会被不加思考地接受。问问你的孩子，他们认为电影的寓意是什么。当他们谈到有任何活动、学校的学科或是职业被某种性别支配时和他们聊聊。与他们开展挑战性的对话；我们经常羞于这样做，因为它们令人感到不舒服，或是容易引发争议。如果你不这样，好莱坞、麦迪逊大道和美国的大公司们就会这样做。

2．强调相似性以及差异。我们如此关注两性在生理方面真实而明显的差异，甚至没有意识到，在思维和行动方面，男性和女性的相似性要多于差异。考虑一下常见的课堂。回想我们的小学时代，有多少个日子是从“早上好，各位男生和各位女生们”开始的。或者，我们有多经常听到“女生的清洁做得不错，男生还要再加把劲”。现在，请思考一下，这些话到底有多蠢。

正如得克萨斯大学的心理学家丽贝卡·比格勒（Rebecca Bigler）所指，老师越强调诸如性别这样的社会分类，孩子就越容易形成针对这些人群的刻板印象。女孩擅长倾听，男孩坐不住。男孩擅长数学，女孩擅长阅读。类别是什么其实并不重要：将班级分成蓝眼组和棕眼组，或是将学生分为左利手和右利手，那么孩子们很快就会读出言外之意，开始认为这些群体也存在严格的生理之外的其他特征，如性格类型或能力。对性别做不必要的区分，也会带来类似的结果。

我是不是小题大做了？“早上好，各位男生和各位女生”难道不是无伤大雅的吗？至少，你要承认这是一种无意义的说法。它传递出的信息并不比“早上好，孩子们”更多。如果你真觉得它是如此的无害和无关紧要，那么问问你自己，如果一个老师在开始上课时说“早上好，白人小孩和黑人小孩”，他会面临怎样的职业后果。或者，如果有人将学生分成来自双亲家庭和来自单亲家庭的两组，让他们相互竞争，又会怎样。

父母和孩子讨论性别和其他社会分类，是合情合理的。老师有意识地创造出不同的教学计划，来配合不同的兴趣和学习风格，也没什么问题。但是，在不必要或无关的情况下，公开做出区分，会带来负面的结果。将你的孩子、班级或是员工作为一个整体来对待，他们也会做出良好的回应。但如果你将他们看成不同的小集团，并讲出来，那么他们也会这样做。

3. 不要在宝宝出生前试图知道性别。我知道，这与主流意见相反：我妻子第一次怀孕时，在我们参加的生育课程班上，我们是十五对夫妻中唯一一对不知道宝宝性别的。我已经听过了支持提前知道性别的论证：每个人都说，他们只是希望在起名、衣着和婴儿家具方面提前做好准备。

但这正是问题的关键所在。到底要为什么做好准备？你刚出生的儿子会反对什么样的睡衣颜色？有什么玩具，会让你三个月大的女儿觉得太过男性化，所以不会放到嘴里？一旦他们生下来了，你就无法保护他们免于性别化的期望，因此，至少让他们在子宫里的时候清静一会儿吧。一旦他们来到这个世上，洪水的闸门就会打开：娃娃和书给女孩，积木和公仔给男孩。但现在，还是像过去那样，选好两个名字，等待结果吧。

我承认，当我与别人分享这种观点时，他们的反应至多只能说是不冷不热。有人曾告诉我他讨厌惊喜。他会继续解释说他只是想尽可能地了解他的孩子。但是，养育孩子就是一门惊喜的艺术。你因发现胎儿的性别所了解的全部东西，只是你对性别的先入之见。我们没能抵抗住提前知道孩子性别的这种做法，恰恰体现了我们是多么热衷于从性别的角度看待世界。

如果你不去查明未出生孩子的性别，你就多了 9 个月的时间免于先入之见、迷信，还有相信都市传奇。此外，面对心怀好意的亲友问的每一个问题，如怎么知道婴儿房用什么颜色粉刷，应该买什么样的礼物，送足球睡衣是否合适，等等，你都会感到安心，相信自己做了正确的决定。如果你能够让自己还有周围的人不被期望所牵引，那么你就会意识到，在日常生活的思考和交往中，你有多么依靠这些期望。

UNDERSTANDING HOW CONTEXT TRANSFORMS YOUR WORLD

SITUATIONS MATTER

06

享受情境，享受真爱

在电影《生死时速》里，有这样一个片段：桑德拉·布洛克（Sandra Bullock）扮演的角色安妮发现自己开着一辆绑有炸弹的公交车。为了防止炸弹引爆，她必须在车流中穿梭，维持 80 公里 / 小时以上的时速。

当安妮开始对基努·里维斯（Keanu Reeves）扮演的警察杰克有了好感时，她警告杰克说，在这种绝境里坠入爱河是很危险的："那些在紧张的情境下开始的关系，从来不会持久。"

你同意她的说法吗？

人类所擅长的，无论是好是坏，都是非常惊人的。在这个星球上生活的短暂岁月里，我们已经展现出了惊人的能力，既能做出那些惊天善举，也能做出那些惊人恶行。既有建设性，也有破坏性。

换句话说，人类的潜力范围很大。我们生来就有多变的命运，我们拥有的可能性近乎无穷。即使我们年龄增长，不断前行，并选择了特定的道路，我们依然可以行善也可以作恶，既有英雄侠义的一面也有胆小怯懦的一面，既保留了领导力又可能表现出盲目的服从。正如你所知，正是情境的力量，作为一种关键但又不为人所知的因素，决定了我们的生活将前往哪个方向。

到此为止，本书已经考察了情境塑造社会思维和行为的许多种方式。最后两章会探索人类能力的两个极端，关注两样对我们每个人来说都很熟悉的东西，即爱与恨。更具体地说，这一章将考察那些影响我们的吸引力和亲密关系的因素；下一章则探索了人性更加黑暗的一面，那就是在我们与他人的交往中普遍存在的歧视和偏见。

这两章都用我们不熟悉的方式探索了熟悉的内容。此外，我给出了一些令人惊讶的结论，它们既令人宽慰，也令人不安。

脸蛋、身材还是智慧

是什么让你被某个人所吸引?

即使你的爱人并没有在你背后看着,试图回答这个问题也是困难的。实际上,恰恰就是这种问题,很难通过自省来回答。不过,请暂时假装这是菲尔博士的一本书,并努力给出你最好的答案:无论你是男是女,是同性恋还是异性恋,有哪三个最重要的因素,决定了你会被某个人所吸引?

我曾经向一班本科生问了相同的问题。当然,要想从大学生的匿名回答中得出普适性的结论,是一件危险的事情。不管怎样,世界上的大多数人并不会把麦片粥当晚饭,也不会在公开场合穿睡衣,或认为上午十点半钟起床太早了。但是我猜,总的来说,在他们的回答和你的回答之间,会有许多相似之处,尽管细节和措辞可能不同。

学生的回答聚焦于身体特征和性格特质。这是一组非常典型的回答:

1. Sense of humor

1. 幽默感

2. Smile

2. 微笑

3. in good (healthy) shape

3. 好的或健康的身材

另一个学生给出了一个类似的回答：

1. fitness/body weight

1. 健康 / 体重

2. confidence

2. 自信

3. good lockin face

3. 漂亮的脸蛋

还有一些学生，对他们寻求的身体特征给出了更加具体的描述：

1. intelligence

1. 智力

2. brunette

2. 褐色皮肤

3. legs

3. 腿

我只能猜想，第三条指的是特定的肌肉类型或线条，而不仅仅是长着腿。

总的来说，在他们的回答中，有一半是关于身体特征的，其中的一些不适合写在这里。另外 47% 的回答聚焦于性格或是禀赋。其中，“幽默感”是最受欢迎的，紧随其后的是“聪明”“温暖”或“友善”。在这一方面，也有标准更低的回答，如有人只是要求“不要完全是个蠢货”，这为那些其他条件不尽如人意的潜在配偶，慷慨地留下了大门。

简而言之，问人们是什么因素让他们对别人倾心，他们的回答好像直接摘自个人广告，或是来自某个承诺给出科学匹配分析的婚恋网站。他们告诉了你理想伴侣是什么样子：性格特质、身材外貌，也许还有一点点捉摸不清的品格或是灵魂的深度。换句话说，他们在谈论吸引力时，使用的是“所见即所得”的术语，而且，在一些情况下，全是单音节的、简练的“所见即所得”术语，比如：

1. FACE

1. 脸蛋

2. BUTT

2. 屁股

3. WIT

3. 智慧

脸蛋、屁股和智慧。这个不那么圣洁的三位一体，占到学生给出回答的 97%。只有 3% 的答案与情境有关，如对方是否最近结束了一段关系，或是自己的朋友是否喜欢这位潜在的对象。我敢打赌，你的回答也会聚焦于性格和身材。

不过，你现在应该可以做得更好。吸引力的产生，就像如此多的日常经验一样，完全与情境有关。就像拜伦曾经写的，在与心有关的事情上，脸蛋、屁股和智慧不会帮你走得太远。这也有可能是莎士比亚说的？

爱情可不是命中注定

我们从神秘主义的角度思考爱情。我们将灵魂伴侣浪漫化，思考神秘的性魅力，并认为吸引力太过神奇，没法理性分析。我们希望自己的爱情像好莱坞电影一样，两个人是天生注定要在一起的伴侣，差一点就错过彼此，但坚持不懈，最终，有情人终成眷属。你知道，在我妻子看到这种电影之前，我会把它们藏在在线视频播放列表的末尾。

我们的思考很少会涉及那些更加寻常的因素，而这些因素决定了我们在何时、何地，与什么人坠入爱河。我们在这方面毫不知情的天真，为讽刺作品提供了绝好的素材。请看看这个专门以幽默手法炮制假新闻的洋葱新闻网站上刊登的搞笑头条："一个 18 岁的青年奇迹般地在家乡找到了灵魂伴侣。"这篇文章这样批判了我们在吸引力方面的不切实际：

> "他们说，一个特别的人被放到了这个星球上，是你的真爱。"芒特（Munter）说，他曾离开马里内特县两次，都是为了参加旁边梅诺米尼县的军乐队比赛。"简直不可思议，我居然在我一直生活的镇子里，找到了我生命中的那个人。"

就像这个虚构的浪漫故事一样，我们拒绝承认，如果我们搬到一个不同的地方，上一所不同的学校，或是从事一项不同的工作，我们就会与不同的人建立最亲密的联结，无论是浪漫关系还是柏拉图式的关系。认为在好友与陌生人之间，有时相差的仅仅是一点情境上的改变，这种想法让我们感到不舒服。

请现实一点吧。如果朱丽叶的母亲凯普莱特夫人住在威尼斯，而不是风景秀丽的维罗纳，那就不会有罗密欧和朱丽叶的故事了。如果电视剧《欢乐时光》（*Happy Days*）中女主角乔安妮的父亲开设的五金店设在麦迪逊，而非风景不那么秀丽的密尔沃基，那么乔安妮的就永远不会遇到她的爱人恰奇。下面这个研究将向你证明，不管你喜不喜欢，吸引力最重要的决定因素，也许就是地理位置了。

SITUATIONS MATTER

情境实验室

在第二次世界大战结束的时候，上万名军人返乡，导致美国大学入学率飙升。麻省理工学院也不例外。这些军人中有许多已经结婚，或是有了小孩，而他们负担得起的住房早已供不应求，这让大学领导们不得不寻找创造性的解决方案。

他们找到的解决方案就是韦斯特盖特。这个新建的居住社区有两个独立的区域，第一期包括 100 栋由预制构件建成的单一家庭住房，排列成了一个“U”字形的“庭院”。第二期就是名字不那么有创意的韦斯特盖特西区，包括超过 12 栋两层的公寓楼，每栋里有 10 个出租单元。加在一起，整个社区可以容纳 270 个家庭。

从行为科学研究者的角度看，韦斯特盖特好得令人难以置信。它位于大学校园里，是一个独特的封闭社区，所有的居民都是在很短的一个时期内搬进来的，这让它成了社会科学版本的生物圈二号（Biosphere

2)[1]。韦斯特盖特提供了一个理想的机会，可以实际量化出物理空间对于关系发展的影响。这就是研究者所做的事情。50 年后，真人秀电视制片人才做了类似的事。

这个研究非常直截了当：居民们被要求列出他们在社区中最亲密的朋友。结果也非常清楚：居民们住得越近，也就越有可能成为朋友。人们更容易将住在同样庭院的其他人列为朋友，而他们的房子越近，关系也就越近。对于住在公寓楼里的人来说同样如此，在他们列出的朋友中，有 60% 是隔壁的邻居，只有 4% 的人住在四间公寓以外。

初看上去，这个发现既不给人启发，也不令人惊讶。你可能已经认为，我们越经常和一个人碰面，就越有可能成为朋友。但是，你是否知道这种接近性的威力有多强大？ 5.8 米。只要这么远就可以。韦斯特盖特的两个居民，他们的公寓之间的距离每增加 5.8 米，建立起亲密友谊的可能性就减少了将近一半。情境就是用这种方式，对我们最亲密和最有意义的社会关系，产生了深远的影响。

韦斯特盖特带来的启示不止体现在严格的距离上，也体现在物理空间上。那些房子正对着行人区域的居民。与那些住在庭院末端、对着街道的居民相比，被他人列为朋友的可能性要高得多。在公寓里，那些租住在楼梯边上的人，更有可能占得先机，与其他楼层的住户交朋友。位置，位置，位置，确实如此。

SITUATIONS MATTER

我们偶尔也会不情愿地承认，我们自己的关系也受到了类似的接近性的影响。

大一的时候，我住的楼道有三间两居室。到了毕业的时候，我的小圈子

① 美国 20 世纪 90 年代建立的人工封闭生态循环系统，用于科研目的。——译者注

依然包括最初的室友，以及住在隔壁的两个家伙。尽管我们可能会幻想，是命运让我们走到一起，也就是说，即使我们被分配到校园的不同角落，我们也会被彼此吸引，但真相却是，我们的友谊在很大程度上要归功于宿舍管理员的异想天开，而不是命中注定的匹配。很快，我们的关系就不再依靠那些肤浅的原因来维持，而是发展成了真正的友谊；但为我们打开了通向这条道路大门的，正是接近性。

当然，和某人住得近，并不一定保证我们会喜欢上他们。这远远不够。

在我大一住的楼道中，另外两个校篮球队员住的屋子是普通房间的三倍大，其中一个人从来懒得知道我们的名字，第二个人则在一整年的时间里，管楼层里的每个人叫“萨姆”（Sam）。

确实，接近性带来的强烈感受，既可能是积极的，也可能是消极的。也就是说，接近性也可以预测我们讨厌谁。从那个经常占用你停车位的邻居，到你旁边工位那个“大嗓门”，经常接触也可能有相反的效果。

近期一项关于南加州公寓的研究，发现了与韦斯特盖特类似的结果：居民住得越近，就越有可能成为好朋友。但是，如果让他们列出谁是附近最不被喜欢的人，再一次，列表里的大多数人也住在附近。

这就像在大一的一年里，我和隔壁篮球运动员对彼此的感受一样。

他喜欢在凌晨两点的时候，开着门大声放音乐，而当我过去让他关掉时，他会诚挚地看着我，暂停那么一下，然后回答：“不。”

岂有此理！

作为回应，每天早上我会等着他锁上门，半裸着走向淋浴间时，拨打他的房间电话。他会一手拿着毛巾，一手拿着钥匙，从走廊里冲回来，而我会在他进门的一瞬间挂掉电话。我怎么也听不够从他房间里传出的一阵阵咒骂，你会以为他在等器官捐献组织的电话。然后，到了凌晨两点的时候，我们又会重复之前的对话。

诸如地理位置和房间安排这样的寻常因素，对我们交友和树敌，都有深远的影响。

SITUATIONS MATTER

不过，如果我问你有关吸引力的问题，你很可能会从更加浪漫的，甚至从性的角度来思考。

但是，熟悉性也影响了这些关系。

社会学家分析了许多美国城市的婚姻许可。无论是在费城、德卢斯，还是哥伦布，两个人住得越近，就越有可能结婚。在一项针对俄亥俄州的研究中，超过一半的订婚情侣，在刚开始约会的时候，住在相隔 16 个街区以内的地方。超过 1/3 的人只相隔 5 个街区。

在短期的浪漫关系中，也发现了类似的结果，如大学宿舍里的约会模式。

简而言之，当你描绘出一个社区、公寓楼或是宿舍楼的物理结构时，对其中的社会结构也就有了很好的描述。

准备搬家？想很快交到新朋友？想扩大你潜在的约会对象人群？选一个

在收发室或电梯边上的公寓吧。过往的行人可能会影响你的睡眠和地毯，却也会给你的社交生活带来奇迹。

你甚至不需要碰到一个人——无论是象征性的还是字面意义上的，就能让接近性发挥魔力：它对于吸引力的影响，并不总是依赖于电影里那种戏剧性的邂逅。

并不总是需要在一个下雨的夜晚，两个人的手伸向同一辆出租车的门，或是在食品店中偶遇，每人都抱着纸袋，里面伸出一只法棍面包。接近性的影响可能更微妙。

仅仅是经常遇到某人或者某样东西，就足以让他们显得更有吸引力。

SITUATIONS MATTER

或者，用心理学家的话来说就是，"单纯暴露促进吸引"。当然，不能把这种暴露和另外一种相混淆，后者会导致巨额的罚款，还有在脚踝上戴监控设备。

暴露和喜欢之间的这种联系，即使对语言这样非常平常的东西，也会起作用。给被试看一系列无意义的单词，如 zabulon 和 ikitaf，他们会喜欢看到次数最多的那些词。给说英语的人呈现一些之前没见过的汉字，也会得到类似的结果。

看起来，熟悉性并不会带来轻视。它带来的是喜爱。在一般情况下，我们会将美好的感觉和熟悉的东西联系在一起，如可口的美食、长期在位的政治人物、特定企业的标志，还有本地体育转播员的声音。像“我感觉以前听过这首歌”和“我们以前见过吗？”这样的反应，都会让我们对那种刺激变得更加积极。

爱情也是如此。《宋飞正传》中的乔治·科斯坦萨（Geogre Costanza）“不小心”把钥匙落在约会对象的公寓，是为了给自己一个借口能够再来，这是有道理的。正如宋飞前女友伊莱恩（Elaine）所指，这种用来骗取第二次约会的方式很可悲。但它确实有效。在现实生活中，熟悉性对于吸引的影响也非常强大，但经常被忽视。

否则，要怎么解释，仅仅是被动地与另一个人坐在同一个房间里，就会提高她对你的吸引力呢？这正是下面这项研究的发现。

SITUATIONS MATTER

情境实验室

在匹兹堡大学开展的一项研究中，教授让几位实际上没有选课的女性坐在听众当中。其中一位女性在一学期中来了5次，另一位则来了10次，第三位来了15次。她们都是静静地坐在那里，没有和任何人交流，而教室里有超过100名学生。

在学期的末尾，教授给学生们一系列不同女性的照片，其中包括了上面的几位。他让学生们评定每张照片的熟悉程度以及吸引力程度。这三位女性的吸引力分数与她们来上课的次数显著相关：学生们报告说，上了15次课的那位女性吸引力最高，其次是上10次课的那位，最后是上了5次课的那位。每名女性出现的次数越多，学生就越被她所吸引。

SITUATIONS MATTER

学生们基本上没有意识到这种感受的原因所在，每位女性来上课的次数，对熟悉性评分的影响要小得多。这些女性悄无声息地溜进了“熟悉”的范畴。只需这样，就能让她们变得更有吸引力。

再一次，如果你停下来想想这件事，真的非常神奇，它展示了情境对我们最珍视的感受和关系来说究竟有多么重要。在当今社会，人们愿意花大钱购买配偶匹配度报告，以及浪漫性格类型的概述文件，而其实仅仅是反复地看到一个人，不需要任何交流，就足以被吸引。

确实，在判断生理上的美方面，在熟悉性和吸引力之间存在着明确的联系，但这种联系经常是无意识的。因为，如果你让人们描述一下他们会被什么外在属性所吸引，他们很容易就能说出自己喜欢的“类型”。只要看一看他们挑选什么样的人就知道了。不可避免地，有人在寻找“高个子、宽肩膀，运动员身材的人”或者是“金发，最好体形苗条或娇小”，还有更加特殊的品味，就是那些真正的怪癖，如“不中用的学术人士，方向感差，手指很脆弱”。

尽管我们大多数人对于自己的品味都有着清晰的认识，却没有意识到熟悉性所扮演的角色。

整个社会都欣赏一些名人的标志性特征，如伊丽莎白·泰勒的眼睛、强尼·德普的颧骨、詹妮弗·洛佩兹的……各种颧骨；但是，如果其他因素都一样，我们实际上更喜欢平均的特征。如果让我们在一个实际存在之人的照片和一张由几张脸合成的照片之间做选择，我们通常会觉得合成的照片更有吸引力。合成这张照片的样本越多，即平均的特征越多，这张脸就会变得越熟悉，并且越有吸引力。

简而言之，熟悉性可以帮助解释接近性对喜爱一个人的影响，而且为表明寻常的因素可以影响吸引力提供了另一些例子：你更喜欢在脑海里而非录音中听到自己的声音；你喜欢自己在镜子里的样子，而不太会喜欢自己在视频里的样子。同样，你也会发现，别人看起来越熟悉，就显得越有吸引力。

这差不多足以使你相信，为了发挥熟悉性的作用，最好在你的意中人的卧室窗外，竖起一个你的等比例大小的人像纸板。

但不要忽视潮湿的天气，还有这样做整体来说有多吓人。更好的办法也许是和他或她一起去体育馆。

你的爱情没那么纯粹

当我们关注脸蛋、身材和智慧的时候，忽略掉的不只是接近性和熟悉性。实际上，有许多情境因素可以影响到吸引力，但你从我学生的三项列表中看不到它们。下面简单举几个例子。

1. 互惠性。正如早前提到的，如果饭店服务员送来账单的时候还带着糖，我们就会觉得自己有义务，而且甚至是下意识地做出回报，于是我们留下了一大笔小费。在吸引力方面，互惠性效果也差不多。或者，至少人们正是怀着这种假设，在酒吧里给陌生人买酒。这种策略并不差。研究表明，总体来看，给别人买酒的男性，会被认为更有吸引力，他们甚至更有可能赢得一次约会。

不过，在吸引力方面，互惠性的效果不只是诱发出义务感。如果你发现某人喜欢你，这会改变你对他或她的想法。突然间，这个人的吸引力就增加了一点。意识到某人对你的感觉，这为潜在的新关系打开了一扇门，促使你用新的眼光看待这名仰慕者。至少，你现在知道了，这个人品位不错，是不是？

在一项研究中，60名陌生人被要求与另外一名陌生人开展“了解彼此”的谈话。之后，他们被带到单独的房间里并看一份问卷，并被告知这是他们的搭档刚刚完成的。一些人发现，他们的搭档对自己的印象不温不火；另一些人则了解到，他们的搭档很享受刚才的谈话。之后有机会再次交流时，那些相信自己被搭档喜欢着的被试，比另外一半被试透露了更多的个人信息。听了谈话录音的观察者在谈话中甚至会使用一种更加积极的、令人愉悦的语调。

换句话说，发现某人喜欢你，通常足以让你向他伸出双手，敞开心扉。这就开启了一种一点也不糟糕的循环，最终会带来更亲密的关系。

2. 障碍。总的来说，我们珍视独立的感觉。并不是只有两岁的小孩，或是青春期的少年，才会抗拒别人指点自己应该怎么做或怎么想。成年人在听说某个目标不可能实现，或是“没有选择的”的时候，也会感到愤怒。如在外国风味餐厅里，我就有过多次不愉快的用餐经历，因为我不愿意接受侍者的提醒，他说这道菜可能比我想象中更辣。坚持说外国人也受得了这些，可能不会带来一次满意的用餐体验，但至少我保留了自己的自由意志。也许这是一种顽固的想法。

这不是一个特别浪漫的结论，但是从这个意义上说，吸引与点一道四川辣子鸡相比，没有那么不同。别人越是努力地试图把我们从某人身边赶走，我们经常就会变得越痴情。具有讽刺意味的是，在文学和现实生活中，恰是因为彼此之间的障碍，让那些命运多舛的爱侣走到了一起。更不要提那些警告青少年说不要和某人约会的家长了，他们用很艰难的办法才了解到这种警告会得到相反的效果。

除了不喜欢自己的选择被其他人限制之外，追求不被允许的关系，也有着某种特别的诱惑。禁果似乎一直有着某种吸引力。确实，秘密会令一段关系变得更有吸引力。请看下面这项研究。

SITUATIONS MATTER

情境实验室

弗吉尼亚大学的心理学家丹・韦格纳（Dan Wegner）和同事曾经询问 1 000 个人过去的浪漫感受。无论是迷恋，还是实际的关系，那些被描述为含有一定隐秘成分的关系，在许多年后仍然被认为更加难忘，而且更令人挂念。

实际上，魏格纳和他的同事在行为实验室范围内，重新创造出了禁忌之恋的这种影响。在一项被称为“碰脚调情”的研究中，他们招募了四个一组的被试来玩牌。每组被分成两对男女搭配，两对都听到了相同的游戏规则，但其中的一对还收到了额外的书面指示：他们要碰脚调情。

好吧，实际的指示要比这更具体一些。这一对被告知，研究的主题是非言语的交流，而研究者想要知道，他们是否能通过在桌子下面碰脚来传递信息。如他们可以用某个特定次数的足尖触碰，来代表牌上的数值。结果是，只有其中的一对会做赌场式的碰脚调情，另一组则不会。

这和禁忌之爱有什么关系？研究者让其中的一半被试把桌下的活动作为两人之间的秘密，而另一半则被告知，他们的对手知道他们在做什么。在游戏之后，被试被问及一系列问题，包括他们觉得搭档的吸引力有多大。对于他们的回答，影响最大的因素，不是简单的身体接触。

相反，是那些做了秘密的碰脚调情的被试，报告了彼此间更高的吸引程度。

很简单，积极的关系带来诱惑，分享的秘密让人陶醉。

3. 相似性。让我们彼此吸引的，并不只有共享的秘密。一系列共同的经历，也会让吸引变得更有可能发生。如与一个陌生人交流时，发现这个人和你喜欢或不喜欢相同的乐队。或者，因为同一个笑话而开怀大笑。或者，仅仅是在参加研究的时候，在一个句子补全任务中给出了相同的答案。即使是对最微不足道的事件做出了相同的反应，也提供了一个瞬间，让我们和他人建立起联系。

其他形式的相似性，威力也同样强大。

除了美国著名的政治评论员詹姆斯·卡尔维尔（James Carville）和玛丽·马塔琳（Mary Matalin）夫妇二人之外，我们也经常会与拥有相似态度、生活经历和人口学特征的人建立起关系。在很大程度上，这解释了为什么我们与自己相似的人在一起时，会感到最舒适，无论是搬家、加入组织、坐在咖啡桌前，还是在有很多相似的人的交友网站上注册。尽管不熟悉有时会带来异样的情调，对立所带来的吸引并没有民间智慧想象的那么大。

实际上，即使是在外貌之美方面，我们也倾向于被那些相似的人所吸引。吸引力可能是一种主观判断，但是人们在评定他人的外貌时，仍然可以达成理性的共识。

当我们看到诸如朱丽亚·罗伯茨（Julia Roberts）与莱尔·劳伏特（Lyle

Lovett）、克里斯蒂·布林克雷（Christie Brinkley）与比利·乔（Billy Joel）、保丽娜·波利兹科娃（Paulina Porizkova）与里克·奥卡塞克（Rick Ocasek）这样女方漂亮而男方相貌平平甚至不佳的演艺界明星夫妇时，会感到有点恍惚，这是有理由的。研究表明，大多数夫妇在吸引力方面的水平都非常匹配，无论是旁观者的评定，还是自我评定，都是如此。你自己也可以重复这个研究结果。去你当地的酒吧，用1～10的分数评定一下你看到的人，然后数一数，有多少人和分数相似的人配对。要展开这个研究，你只需要付出一点服务费，备好纸和笔，还要事先准备好借口，向别人解释为什么你会一边盯着陌生人，一边写写画画。

这种美貌的匹配现象，反映了真实生活里关系的市场驱动性质。当然，如果其他条件保持不变，我们会倾向于选择最有吸引力的伴侣。但是，到了最后，现实通常会战胜幻想，我们会被那些与自己水平相当的配偶所吸引，即那些我们认为不那么可能直接拒绝我们的人。除非你和前面提到的三名男性那样是20世纪80年代的唱片明星。

因此，你可以在影响关系的情境因素列表中，加上一系列项目：如互惠性、障碍和相似性。这还没有涉及其他的影响因素，包括权力、社会地位，或是收入潜力。

尽管我们愿意从脸蛋、身材和智慧的角度，即围绕着内部特质和生理特征来思考吸引问题，但外部力量决定了我们会在何时，通过何种方式被他人所吸引。虽然坠入爱河的感觉很神奇，它仍然会受到地理位置这种寻常因素的支配，并根据市场供求关系的冰冷现实做出调整。

SITUATIONS MATTER

心跳在前，爱情在后

我们对于吸引的真实机制的忽视，不只体现在过度关注身体和性格特质的“所见即所得”倾向上。关于坠入爱河，我们持有的许多理论并不能得到科学研究的支持。许多人认为爱情高深莫测，或是太过神奇，但本章的内容已经亵渎了这种神圣的看法，强调了寻常情境的作用，那么为什么不再进一步，继续打破和揭穿其他一些关于爱情的神话呢？

以我们对吸引相关的生理过程的粗浅理解为例。毫无疑问，对某人倾心，其中肯定有生物学的成分，可能是心跳加速、呼吸急促，也可能是手心出汗。至少，在我的 iTunes 音乐库中，有许多首歌的歌词都是这样说的。但这真的正确吗？坠入爱河涉及一系列特定的生理变化，这种观点可靠吗？无论是科学研究还是电影，都有一些反面证据，表明吸引实际上可能是这些生理变化被唤起的结果而非原因。你可能还记得，在 20 世纪 90 年代中期，关于电影《生死时速》（*Speed*），那些机智的电影评论家会反复提到这一点。没错，就是基努・里维斯（Keanu Reeves）开公交车的那部电影。

在这部电影里，桑德拉・布洛克（Sandra Bullock）发现她开着一辆绑有炸弹的公交车。为了防止炸弹引爆，她必须在车流中穿梭，维持 80 公里以上的时速。当布洛克扮演的角色开始对基努扮演的交通警察有了好感时，她警告基努说，在这种绝境里坠入爱河是很危险的：“那些在紧张的情境下开始的关系，从来不会持久。”

是唤起性的情境造成了吸引，而不是相反。一旦带来强烈感觉的极端条件消失，感觉也就随之不见了。

SITUATIONS MATTER

在一部动作电影里看到对人性如此尖刻的分析，是非常令人惊讶的，更不要提这具有先见之明的剧本，为基努明智地缺席令人失望的续集，提供了合理的解释。

那么，唤起和吸引之间的关系到底是怎样的呢？身体上的改变，究竟只是对倾心之人的反应，还是也可以成为浪漫感觉的前兆？加速跳动的心脏是否真的能够带来爱的感觉，而非相反？

为了回答这些问题，只能去一个地方。不是巴黎，不是威尼斯，甚至不是蒙特卡洛，而是温哥华北部的英属哥伦比亚。当然如此。

卡皮拉诺大吊桥（The Capilano Suspension Bridge）横跨 137 米，被认为是温哥华最早的旅游景点之一。吊桥坐落在卡皮拉诺河上方 70 米的位置。但是，“坐落”这个说法其实不准确。

对于这座桥，更加恰当的描述应该是，它是一条 1.5 米宽的人行道，由易弯的木板支撑，依附在可活动的绳索上。当人们走过这座桥时，它会左右摇摆。更不要提反弹、摇晃、颤动和突然的倾斜了。如果拍下卡皮拉诺大吊桥在暴风中的样子，可以制作成慢动作影片剪辑的经典之作。

尽管下面就是嶙峋的峡谷和湍急的浅滩，但卡皮拉诺的缆绳扶手非常低矮，对于大多数成年人来说，不会超过乳头附近。这使穿行吊桥变成了一种让人汗毛竖立的体验，这也是为什么每年会有 75 万人愿意花上 26.95 加元，来体验这种快感。

穿过吊桥会让游客出现与上面所说的完全相同的生理反应，这些生理反应是吸引的潜在信号：呼吸急促，血压上升，脉搏加速。这就启发研究者开展了进一步的实验。

SITUATIONS MATTER

情境实验室

在一系列巧妙而有创造力的研究中，英属哥伦比亚大学的研究者唐纳德·达特顿（Donald Dutton）和亚特·阿隆（Art Aron）为了评估唤起是吸引的原因而非表现，利用了他们所在的卡皮拉诺地区的先天条件。从本质上讲，他们检验了穿过吊桥的这种体验，能否让人误认为坠入了情网。

他们安排了一位女性访谈者，在吊桥的中间位置去接近 18 到 35 岁的男性。访谈者宣称，她在研究自然景观如何影响创造力的课题。因此，她让受访者花一分钟的时间，看一张模糊的照片，照片上有一个年轻女子，用一只手遮着脸，另一只手则伸了出来。然后，她让他们写几个句子，来描述自己从图片中看到了什么。

毫无疑问，这不是一个寻常的请求。我不知道你会怎样，如果是我的话，身处在危险的吊桥上，下面就是岩石，写出来的东西大概不怎么样。但是，访谈者礼貌地提出了请求，提供了一支笔和一张纸，于是受访者照办了。

在这些男性匆匆写下自己在高空中的幻想之后，访谈者礼貌地致以谢意，然后说她很愿意在之后的某一天详细解释这个研究的内容。她从纸上撕下来一块，写下自己的名字和电话号码，交给被试，然后走向下一个受访者。

同样的程序，在上游的一个地方也重复进行：这是一座沉重的杉木桥，坐落在浅浅的溪流上方，只有 3 米高。这个桥比卡皮拉诺更宽，也更坚固。但是，其他的条件都相同，包括同一位女性访谈者，以及相同的写下简短故事的请求。

在他们的室外冒险结束之后，研究者分析了每名被试写下的简短故事，评估了其中与性有关的内容，背后的逻辑是，如果人们头脑里想着性，那么性就会不自觉地体现在我们看待世界的方式中。

基本可以说，研究者是将男性被试观看的与性无关的图片，当成了社会性的墨迹测试。他们想看看，穿过吊桥的唤起性体验，是不是可以转化成其他的、更具情绪性的唤起。他们预测，卡皮拉诺大吊桥上的男性更有可能将与性有关的内容，插入到本来非常普通的情境分析中，你知道，就像上文中，我在描述普通的栏杆高度的时候，用了“乳头附近”的说法一样。

于是，他们将男性写下的故事，匿名呈献给专家，这些专家没有参加此项研究，但接受过相关训练，知道如何给与性有关的内容描述打分。这些专家知道他们在寻找的是什么，但不知道哪些匿名故事是在卡皮拉诺大吊桥上写就的，哪些是在更小、更稳固的那座桥上写就的。专家的结论是什么？卡皮拉诺大吊桥上的男性写下的描述，与在另一座桥上的男性写下的描述相比，与性有关的意象和语言足足多了 75%。

当然，就像飞蛾被火光吸引一样，也许那些喜欢写下色情内容的人，更容易被卡皮拉诺这样的冒险之旅所吸引。为了排除这种可能性，研究者开展了一个后续研究，比较了那些仍然待在桥上的人，和那些在十分钟前穿过了吊桥，已经冷静下来的人。结果是相同的：当男性站在桥上，处于唤起的状态时，他们写下的东西也就含有更多的性内容。

不过，卡皮拉诺大吊桥上的男性们所想的，并不是一般意义上的爱和性。他们为自己新获得的唤起，找到了一个具体的目标，即那位女性访谈者。

还记得她给了自己的电话，这样那些男性就可以和她联系，了解更多关于研究的信息吗？无论在哪座桥上，她给出的都是同一个号码，但用了两个不同的假名字。对于卡皮拉诺上的男性来说，她叫多娜。在另一座桥上，她是格罗瑞亚。

在接下来的日子里，“多娜”接到的电话数量是“格罗瑞亚”的四倍还多。实际上，有一半来自卡皮拉诺的男性最终给多娜打了电话；相比之下，在另一座桥上的男性中，只有 13% 给可怜的格罗瑞亚打了电话。那座让人唤起的吊桥，点燃的不只是科学好奇心。

SITUATIONS MATTER

在这里，我并不是说，所有吸引的感觉都是源自无关的身体唤起。我也不是暗示，当我们血压升高，或是脚下的吊桥摇摆时，我们就会不可避免地爱上看到的下一个人。对于这种唤起从一个来源转向另一个来源的情况，我们绝不是无能为力的。实际上，这个过程只有在你没有意识到它的时候，才会起作用：如果卡皮拉诺上的采访者用这样的话开头："哇，这座桥让我心跳加速。"那么男性就会得到清楚的提醒，告诉他们为什么会被唤起。如果我们意识到了自己感受的真实来源，通常就不会做出错误的解释。

尽管如此，这个研究再一次得出了与日常直觉完全相反的结论，表明即使是你最私密的感觉，也会被你周围的环境所塑造。你还记不记得前几章讲过的那个"超氧化物"研究？在那个研究里，被试通过观察周围人的行为，推断自己的情绪，为自己的感觉贴上相应的标签。在体验到无法解释的唤起之后，那些与一个愤怒的家伙坐在一起的被试，认为他们自己也感到了愤怒；那些与一个转呼啦圈的家伙待在同一个房间里的被试，则认为自己也很高兴。对于顽固的浪漫主义者来说，这种想法可能令人厌恶，但吸引的感觉很大程度上也在用相同的方式运作。

世俗的智慧认为，你看到旁边跑步机上有个帅哥，于是你的心跳加速。但是，卡皮拉诺大吊桥的研究却表明，唤起经常会先于吸引。你感到自己心跳加速，或体温升高，而直到这时，你才环顾四周，想弄清楚这是因为谁的缘故。下次上动感单车课的时候，好好考虑一下你要坐在谁旁边。你的选择可能会改变你的人生。

火星和金星上的爱情

关于爱情，还有其他一些误解，与前一章讨论的主题有关，即性别差异。就像各种认知和社会能力一样，我们假设在吸引和亲密关系方面，男性和女性也存在着差异。不管怎样，所谓“男孩本性”，指的是经常在游乐场上摔来滚去，还有经常在干草堆里打滚。但是，就像对关系的其他日常直觉一样，性别差异方面的寻常智慧，也经不起仔细的分析：火星和金星在爱情方面的不同，并没有我们想象的那么稳定，也不是完全由生物学因素决定的。

有一种观点认为，女性在选择伴侣时比男性更挑剔。我们认为女性会挑挑拣拣，如在酒吧里避开陌生人，拒绝直接地求欢，甚至对于那些她们愿意与之交谈的追求者，也会玩起欲擒故纵的手段。这种观点认为，男人恰恰相反，他们愿意与任何人发生性关系。

这就是我们眼中的择偶市场，男性是追求者，女性是回应者。我们期待由男性来发起求爱，如发起聊天，在酒吧里主动接近，打电话邀请约会，而女性则掌控着整个局势。女性决定谁可以坐在她旁边，约会是否会发生，以及后续活动有多么火热。

这些日常直觉是有一定道理的。有研究证实，在回应征友广告或面对面的求爱时，女性比男性更加挑剔。让我们看看佛罗里达州立大学 20 年前开展的研究吧。

SITUATIONS MATTER

情境实验室

在这项研究中，男性和女性的主试会接近异性的学生，说自己在校园里注意到了这些学生，发现他们很有吸引力。接下来，主试会提出一个直接的请求，可能是下面三种中的一种：

（1）“你愿意晚上和我出去玩吗？”

（2）“你愿意晚上来我公寓吗？”

（3）“你愿意晚上和我睡觉吗？”

有 56% 的女学生同意约会，但对于第二和第三项请求，她们的同意比率分别是 6% 和 0。许多女性被试被这些直接的求欢惹恼，甚至会表达出愤怒。

男性呢？只有 50% 的男学生同意约会，但面对更加亲密的请求，他们却变得更加随和。69% 的人说他们愿意去公寓做客，75% 的人同意上床。拒绝后两种请求的男学生，通常会道歉，或给出解释，如“我现在在谈恋爱”。而且，至少有一个特别随和的人，问他们为什么要等到晚上，才能达到极乐的顶点。没开玩笑。

SITUATIONS MATTER

20年后，在2009年，不同的研究者开展了这个研究的一个变式，在美国、德国和意大利大学生中都得到了类似的结果。因此，很明显，两性在择偶的挑剔程度上确实存在差异，而且这种差异不受时代或文化的影响。为什么呢？有些人会说，这完全是进化的产物。这种观点认为，随着时间的推移，自然选择让男性和女性发展出了完全不同的关系取向。从纯粹的达尔文主义视角来看，生命的主要目标是确保基因能传递给下一代，而男性和女性在追求这个目标时，面临着不同的障碍。

进化的观点认为，在择偶方面，女性不得不挑剔。在整个生命周期中，她们的生育窗口相对狭窄，与男性相比尤其如此。对于女性来说，每次生育的决定，至少需要九个月的时间和资源，更不要提接下来通常还会有作为孩子主要抚养者的责任。因此，女性没法承担错误的择偶决定。

男性则没有类似的限制。人类男性在一生中的大多数时候，都有生育能力。用委婉的话来说，成功的男性生育只需要很少的、一次性的投资。

根据进化理论家的观点，这些生育方面的限制，让女性和男性在性方面进化成了非常不同的生物。如考虑一下嫉妒心。进化角度的分析表明，男性更容易因为女性在性方面的不忠而心烦。不管怎样，在我们的基因祖先生活的那个年代，没有亲子鉴定真人秀节目主持人毛里·波维奇（Maury Povich）来帮助他们确认孩子的亲生父母是谁。一位男性要想确保家里的孩子确实是自己的，就要对配偶的关系保持警觉。类似地，进化的力量也被用来解释，为什么女性看上去很挑剔，男性却一点也不。当然，我们仍然是独立的个体，拥有自由意志，可以决定自己想和谁约会或发生性关系，但是我们的默认倾向是写在基因里的，要想克服它们，需要付出额外的努力。

至少这是进化理论家想让我们相信的。

因为，如果这些倾向真的如此根深蒂固，如果男性是猎人，女性是猎物，这种角色划分真的写在我们的基因密码里，那么环境的一点点微小改变，应该不会造成多大区别。但是，美国西北大学的研究者通过自己组织的速配约会活动表明，实际情况恰恰相反。

SITUATIONS MATTER

情境实验室

在这个研究里，被试会与 12 名不同的异性开展短暂的谈话。在每个速配环节中，12 名女性坐在原位不动，12 名男性则在房间中轮转，与每个潜在的约会对象聊上 4 分钟，然后转到下一个人。在每个环节的最后，每个女性和每个男性都已经交流过之后，所有被试都完成了一份问卷，评估每位潜在配偶的吸引力。之后，在自己的电脑上，他们还会登录研究网站，报告自己是否有兴趣再见到潜在配偶。

与预期一致，女性比男性更加挑剔。对于浪漫关系，女性报告了较低的渴望。女性表示愿意再见的潜在配偶人数也低于男性。

不过，当研究者对这些互动的情境做了一些微小的改变时，有趣的事情发生了。在第二组速配约会活动中，他们改变了男性和女性的角色。这一次，男性坐在原位，女性则在房间里轮转，改动很简单，但与一般的约会速配程序完全相反。现在，不再是女性坐着不动，男性追求者逐一等待检阅，而是男性不动，女性去接近他们。但是，从严格的结构化角度来看，这种安排反转了传统的约会模式。

猜猜结果如何？在挑剔程度方面，男性和女性也交换了位置。在这个奇怪的约会世界里，女性比男性更容易和搭档来电。与男性相比，女性更多地报告希望再见到潜在配偶。

SITUATIONS MATTER

这些结果并不符合进化论的解释。如果你相信，男性之所以没有那么挑剔，是因为他们在一代又一代的传承中，作为积极主动的爱情猎手，得以繁衍生息，那么在 2009 年伊利诺伊州的一次速配约会活动里，一点点微小的改变，应该不会有什么影响。谁坐着，谁轮转，这种安排与自然选择导致的禀赋相比，应该不值一提才对。但恰恰相反，这种情境的改变，足以让男性变得非常挑剔。

择偶挑剔性的性别差异，可能并没有那么受到进化或生物学因素的影响，而是更多地归结于大多数社会中现存的约会范式。

SITUATIONS MATTER

女性在爱情方面更加严格的标准，并不一定来自更短的生育窗口，而是可能反映了一个事实，那就是在求爱活动中，她们通常是被接近的一方。被接近，就意味着一切尽在掌握，意味着被人渴望和需求，意味着拥有选择的权利。

还记得几年之前，银行仍然给普通人贷款的时候吗？当时有几家网站打广告，宣称可以给置业者提供不同的贷款方案。背后的想法是，如果几家银行为了获得你的青睐而相互竞争，那么你就会胜出。恋爱关系和那个时候的房贷有许多相似之处，包括天文数字的违约率。

因此，关于爱情和性别，即使是那些我们深信不疑的信念，也没什么确实的根据。是的，女性比男性更挑剔，但是情况也可以反过来。在性嫉妒方面广为人知的性别差异，也好不到哪去，更仔细的分析表明，女性和男性一样，都会因为性方面的不忠而烦恼。之前发现的差异仅仅是因为，当要求女性想象伴侣与别人发生关系时，她们想象的是严格的身体上的出轨。而男性则会假设，如果他们的女朋友和另一个人发生了关系，那么就表明女友和那个人之间也存在情感上的联结，而双重的出轨要比单一的出轨更糟。这不是进化。这就是简单的算术。

享受情境，享受真爱

我妻子不太喜欢这一章。实际上，当我从寻常情境的角度考虑吸引，或是用经济学的术语描述爱情时，她一点也不喜欢。这不是我们喜欢的思考最亲密的感情和关系的方式。“我爱熟悉的你”的这种口号大概卖不出多少张情人节贺卡。而且，很少有人像我的一个朋友那样诚实，她曾经解释自己愿意待在一段冷淡的感情里，是因为男朋友把一张自己的照片设成了她电脑的启动屏幕，而学会怎么把它换掉似乎很麻烦。

不过，本章传递的信息，绝不是说爱情是无关紧要的。实际上，恰恰相反。亲密关系提供的情感联结如此重要，一些心理学家甚至将它视为一种人类需求，仅次于基本的生存需求，如食物、水和庇护。

孤独并不只是一种非正常状况，它是一种常见的体验，是身体发出了警告，表明有重要的需求没有被满足。因此，孤独让我们没法像平常那样清晰思考。它让我们更容易生病，而且病得更久。它甚至会传染，从社交圈子里的一个人传到另一个人，就像病毒感染，或是稍微有点儿意思的病毒视频。

确实，与他人建立联结的需求，支配了我们大多数的社会生活，在压力性的环境中，这种需求就变得更加急迫。

告诉研究被试说他们会受到电击，那么比起独自等待，他们更愿意和即将接受相同命运的人坐在一起。听说一个正在发生的自然或非自然灾难，你就会立刻产生冲动给别人打电话寻求安慰，即使你们两个人实际做的，仅仅是在电闪雷鸣中，或是在看到电视里摩天大楼倒塌的过程中，默默地握着电话不作声。

我们和他人的联系绝对不是微不足道的。恰恰是因为它们如此重要，所以我们会花许多时间在关系上，无论是柏拉图式的，还是浪漫的。这也是为什么，吸引会受到环境和寻常情境的影响，这实际上是一件好事。如果爱情真的取决于性格的完美匹配，如果为了获得幸福的爱情，需要在社会中大海捞针，那么我们中的大多数人在大多数时候，将变得多么可悲。

我们在爱情方面的灵活性，实际上是一种福气。想想吧：人们会一次又一次地在从统计学上讲不可能有任何命中注定伴侣的地方，找到自己的爱人和幸福。如乡村小镇，规模不大的学院，包办婚姻，不能自由旅行的军乐团。

那些影响了吸引力的平凡因素，如接近性、熟悉性和互惠性，让爱情可以在任何地方生根发芽。

SITUATIONS MATTER

在许多关系的开始阶段，情境都提供了润滑剂，但是，这并不会让这种依恋关系变得没有意义，或是不那么令人愉悦。换句话说，本章其实讲出了许多好消息。

爱情依赖于情境，你在这方面新获得的专长，意味着你无须再担心理想中的伴侣到底是什么人。在环境允许的情况下，你周围会有许多潜在的理想伴侣。

虽然我不会建议你在寻找浪漫幸福的时候，完全把脸蛋、身材和智慧抛在脑后，但我会建议说，**要想找到真爱，你花在思考那些导致吸引的情境因素上的时间，应该与你用来思考完美伴侣的理想特征的时间一样多。**

本章探讨了情境如何影响吸引，这种探索为寻找爱情提供了一些具体的建议。如让你自己尽可能多地被人看到。熟悉性和简单暴露是吸引的关键：越多的人与你相遇，你就越有可能开始一段关系。在慵懒的星期天早上，你想喝杯咖啡，玩玩填字游戏？很好，但是请强迫自己坐在星巴克的沙发上，而不是你的起居室里。想学会一项新技能，或是开拓自己的眼界？很棒，但是请参加一个烹饪培训班，而不要满足于美食频道和教学网站。

你也应该记住物理空间的重要性。楼梯对面的公寓，挨着公共区域的宿舍，咖啡机旁边的工位，正门边上的办公室……如果你的目标是安静地独处，那它们都不是理想的选择。但是，如果你愿意的话，像这样的位置，可以增加你建立各种类型的社会关系的机会。

具体到浪漫关系上，请谨记，有些地方就是更容易让这种感觉生根发芽。想要认识一些新人？我听说冬季的温哥华是个不错的地方。不过，如果你没钱经常去北部大雪原的话，那就试试体育馆、体育娱乐联盟，或是舞蹈课吧。在计划第一次约会的地点？晚餐和电影是稳妥的选择，但也可以考虑一些涉及身体的活动，至少选一部好看的喜剧片或恐怖片，以便利用潜在的唤起转移力量。

这一章还纠正了一些关于爱情的误解。女性并不总是比男性更挑剔。是传统的约会规范将她们推向了这个方向。如果你是一位女性，而朋友告诉你说你的标准太高了，那么你可以在一段时间里，强迫自己做一个接近者，而非被接近者。你可能会找到之前没有发现的机会。

如果你是一个直男，被拒绝的比率高到有些难以忍受，那么可以努力摆脱男性接近者的模式。让朋友帮你安排。贴征友广告，而不是回应广告。和你本地的快速约会组织者搞好关系，让你自己待在座位上，而让女性轮转。

此外，对于那些糟糕的关系行为，你也可以抛弃掉许多陈旧的、性别化的借口："他们只是控制不了自己。""男人天生如此。""男孩子的本性而已。"这些老生常谈，只有在你遵循它们时，才是成立的。它们只是基于"所见即所得"的夸夸其谈。在对关系中的过错或是不忠合理化时，像这样的言语没什么说服力。

因此，即使是在爱情方面，情境也很重要。但是，这个结论并不是一个警告，坚定的浪漫主义者并不需要放弃他们的信仰。爱情是依赖于情境的，但这并不会让爱情变得没那么神奇，或没那么让人满足。恰恰相反，**这是一**

种乐观的看法，意味着即使在最寻常的环境中，我们也有可能找到爱情。这种观点表明，我们在与他人建立关系方面，具有丰富的可能性。我们可以在摘掉帽子的一瞬间，或是在摇曳的吊桥上，找到自己的爱情，这正是日常生活许许多多的奇迹中的一个。

不过，硬币也有另外一面，人性更加丑恶的那个方面。如果你愿意换个比喻，相对于爱情的阳，也存在着更黑暗的阴。就像我们准备好和别人建立新的联结一样，我们也表现出了敌意和歧视的倾向。确实，人类的能力范畴如此宽广，既包括喜欢也包括讨厌，既包括爱也包括恨。正如我们的许多日常倾向一样，只需要环境方面的一点点推动，就可以让我们进入敌我对立的心态，最后一章将详细讨论这一点。

UNDERSTANDING HOW CONTEXT TRANSFORMS YOUR WORLD

SITUATIONS MATTER

07

重构情境，化解仇恨

请回想一下你作为行人的经验。想想如果有司机不给你让路，或是停在人行横道中间，或是加速溅了你一身水，你会多容易对他们产生敌意——“这些乱开车的讨厌鬼！”

但如果你同时也会开车，相信当你坐在驾驶座上时，你的心情又会不同。不用多久，那些乱穿马路还有闯红灯的行人，就会令你感到不满。

这一切情绪的产生，也许并不完全是出于我们对交通文明规范的维护，还有着身份转变对我们的影响。这背后的原因是什么？身份又是如何在无形中影响着我们的呢？

侍者想用脑袋记住我点的菜，而不是把它们写下来。

看电影的时候，尽管有许多空位，有个人却直接坐到了我前面。

坚持用支票结账的食品店购物者。

松鼠。

上面的每一条都在我的“十大不能容忍之事”清单里。不过，毫无疑问，清单里排在第一条的，是那些低头冲进电梯或地铁，不看看有没有人下来的人。在我看来，这是一种非常糟糕的行为。我非常确信，完全是因为14世纪意大利的科技限制，才让但丁没有在地狱里专门为这些人留出一层，我只能说，他们应该待在纵欲者和暴食者之间。

我在这个事情上怀有如此强烈的感觉，这让我在最近的一次电梯争端中，体验到了冲突的情绪。当时我正坐着电梯上楼看医生。电梯门打开，我开始往外走，这时一个穿着过大西装的中年男子冲了进来。为了避免被撞倒，我不得不闪到一边。很显然，这个人为自己赢得了头号公敌的位置。

然而，接下来发生了一件有意思的事。这个折磨我的家伙又转过头来，拐了个“U”形弯，跟着我走出了电梯，在这个过程中，他一直拉着一辆购物车，上面堆着的盒子保持了完美的平衡。他伸出一只胖乎乎的手，指着我的胸口问我："你在那儿读过书吗？"

我愣了一下，才明白他指的是我T恤衫上的大学名字，于是我回答"是的"。"我也是！"他惊呼道，"你哪一年毕业的？"

于是，我们开始了一段十分钟的对话，虽然我对此并不十分热衷，因为我希望按时赶到医生那里。不过，我的这位校友其实是一个和蔼可亲的家伙，而且回忆往事，想起那些熟悉的人和地点，总是一件愉快的事。对话结束之后，我们坚定地握手，然后分道扬镳；我怀着愉悦的心情，继续赶往会面地。

就在这时，我忽然意识到了什么。

我放松了自己的防备。我原谅了这位新伙伴的冒失行为，仅仅是因为我们来自同一所学校。如果没有这种联系，我绝不会带着积极的心情结束这次互动，更不会留下什么好印象。我们共同的群体归属足以让我用不同的眼光看待这个人，足以让我忽视他那即使不是犯罪，也是在道德上不负责任的行为。

这就是"我们"的力量。

共享相同的群体身份，会极大地影响到我们如何感知他人，如何与他们互动。无论是相同的学校、家乡，还是喜爱的体育队，都会让我们在看待内群体的成员时，变得过度慷慨。而对于外群体的成员，我们远远没有那么宽容。

SITUATIONS MATTER

以种族为例。

我知道，这不是最容易讨论的话题。实际上，我的研究表明，许多人会拼命回避这个问题。但是，在种族方面，人们看待内群体和外群体成员的不同方式，尤其令人震惊。

可以看看美国判处死刑的统计数据，其结果是发人深省的。20 年前，艾奥瓦大学的法学院教授大卫·鲍尔达斯（David Baldus）分析了佐治亚州超过 2 000 件凶杀案的审判记录。在可以判处死刑的案件上，法官有很大的自由裁量权。首先，公诉人必须决定是否要请求死刑。然后，法官会做出裁决，如果判定有罪，需要做出是否判处死刑的最终决定。

在鲍尔达斯检视的案例中，那些白人被告涉嫌谋杀黑人的案件中，只有 3% 最终被判处了死刑。黑人被告涉嫌谋杀黑人的案件，死刑率同样也很低，只有 1% 多一点。

但当被害者是白人时，数字就完全不同了。当白人被告涉嫌谋杀白人时，其中有 8% 最终被判处了死刑；而当黑人被告涉嫌谋杀白人时，死刑率飙升到了 21%。这些比率清晰地表明，当被告涉嫌谋杀白人时，更容易被判处死刑，当被告是黑人时，更是如此。

即使在使用了统计学手段，控制了非种族的因素，如犯罪的恶劣程度和被告的律师水准之后，这种差距仍然存在。而且，它们并不限于特定的州或是特定的时期。多年以后，鲍尔达斯考察了费城的死刑案件，得出了相似的结论。实际上，另外一组研究者在分析同一批费城案件时，发现了另外一种形式的种族偏见：当被害者是白人时，非裔美国人被告越“典型”，即皮肤越黑，鼻子越宽，嘴唇越厚，那么法官就越有可能判其死刑。

很明显，即使是在涉及生死的决策中，种族也很重要。但为什么会这样？问问美国人他们是否有种族歧视，大多数人都会告诉你没有。他们会诚实地和你这样讲，而且确实相信如此，因为我们大多数人都会真诚地相信，自己是一个心态公正、头脑开放的人。

这种自信很大程度上来自一个事实，那就是我们会使用电影《撞车》（*Crash*）里的方式，来思考偏见问题。在这部2004年的影片里，每个角色都会轮番遭罪，然后公然施行各种各样的种族性侮辱。波斯商店的店主认为他的西班牙裔锁匠是一个黑帮分子，但是当他来到枪械商店时，他自己却被人说成是恐怖分子。黑人客服代表在电话里被白人贬低，之后却为了练习英语，而朝着一位亚裔司机大喊大叫。诸如此类。

在《撞车》描绘的世界里，种族偏见非同寻常。这是最纯粹的恨意，即歧视是外显的、清晰的，来自恶毒的动机。换句话说，《撞车》从"所见即所得"的角度描绘了种族主义：邪恶的人，怀着邪恶的态度，制造出了种族之间的裂隙。

不过，《撞车》里也有一些问题，我指的不仅仅是让人难以相信的剧本：某天晚上，一个开车的人被一个洛杉矶警官虐待，而第二天下午他在城里的另一个地方遭遇了车祸，却被同一个警官救了出来。对于这部影片，我持最大保留意见的地方是，在大多数时候，它对种族主义的看法太过纯粹和简单了。毫无意外，外显的歧视仍然存在。但是，这部电影很少触及那些在今天普遍存在的、更加微妙和隐蔽的偏见形式。

公诉人努力争取判处黑人被告死刑，是因为他们是恶毒的偏执狂？当受害者是白人时，法官更容易做出死刑的判决，因为他们对黑人怀有深深的敌视？也许吧。但是，这些听上去就像是前几章讨论过的，对于有负面行为的

“坏家伙”的解释。

当然，这些结论的吸引力在于，它们不像另一种可能性那样让人感到威胁，那就是在我们中间，即使是最精英的人群，也会受到刻板印象的影响。或者，我们更喜欢与背景相似的人在一起。或者，在不确定的环境里，几乎我们所有人都更愿意用敌我对立的方式思考。

认为歧视完全来自仇恨，来自邪恶之人的邪恶态度，这种想法让人感到宽慰。如果有人建议说，既然我研究种族主义，我应该在课上播放《撞车》，我就会用这个理由作为反驳。我不会这样做。我也不想这样做。我太了解我的学生，知道他们会如何反应。他们会满足于“嘿，至少我没有干出这些人干的坏事”这种想法。他们会得出结论说，种族主义仅仅意味着外显地表现出敌意或对抗。

实际上，歧视远远不只是仇恨。假设事实并非如此，欺骗自己说只要心态端正，我们就不会歧视，这只是“所见即所得”和用积极眼光看待自己的渴望导致的又一种误解。本章对群体间的偏见，做了更加细致入微的考察，探索了这种人性的阴暗面，但没有依赖于坏家伙的解释。因为，实际上，我们所有人都拥有许多看上去无伤大雅的倾向，但这些倾向最终却导致了群体刻板印象和歧视。

由于“我们”的影响，我们会慷慨地为内群体的成员付出精力和资源，却不会对外群体成员这样做。就像我和那个闯进电梯的人一样。

或者，就像有的选民为自己支持的候选人在经验方面的缺乏提供了合理化解释，却认为对方候选人单薄的简历是一个致命的弱点。

或者，就像棒球球迷愿意相信，自己支持球队里被指控服用禁药的球员是无辜的，但是对有类似传言的其他球队，却随时准备好扑上去撕咬。

或者，就像警官从一名少年犯身上看到了年轻时的自己，决定再给这个“来自好家庭的好孩子”一次机会，但是对另一个没那么幸运也没那么熟悉的、来自城镇另一边的青少年，却出手重罚。

你不是一定要相信那些广为流传的种族主义阴谋论，才能解释死刑案件判决中明显的种族歧视行为。大多数公诉人和法官都是意图良好的个人，努力遵守自己的誓言。但是，当案件发生在“正确”的人身上时，犯罪行为看上去就更加令人震惊，应受谴责。当受害者让法官想起自己的家人或邻居时，这些法官就会感受到多一些的气愤和愤慨。

有的时候，我们对“我们”的喜爱，就像我们对“他们”的厌恶一样，会带来一些问题。即使你确信，自己并没有带着恨意，但我们看待世界的方式，仍然会为冲突和不平等添油加醋。

这样做就能操纵恨意

一些群体之间的敌意是可以理解的，它们可能来自历史上的冲突，也可能是为了竞争稀有的资源，还有可能是意识形态的不匹配。如民主党人和共和党人，红袜队球迷和洋基队球迷，Mac 用户和 PC 用户等，他们之间都会有矛盾。

然而，一些与群体有关的简单情境，也会影响到我们的思想和行为。虽然没有像上面列出的仇敌那样，拥有无法丢弃的历史包袱，但仅仅是感觉到自己被分入了不同的群体，也会带来自利行为和冲突。

要想让某人进入敌我对立的心态，到底有多简单？我来向你展示。下图上画着一些圆点，请用一两秒钟的时间快速地扫上一眼，然后尽可能准确地估计一下到底有多少个圆点。不需要复杂的几何学分析，只要第一眼的印象。为了避免任何潜在的性别差异，我向你保证，男性和女性在这个圆点任务上没有表现出差异。不过，养斑点狗的人确实应该有一些优势。

准备好了吗？那就请先估计出一个数字，再往下读。

一共有 407 个圆点。我很确信，因为它们是我一个个亲手复制粘贴出来的，我学到的教训是，要找一幅不受版权保护的圆点图片，没有你们想象的那么容易。复制到第 407 个的时候，我的手腕发炎了。

你估计的数字是多少？你高估了圆点的数量，还是低估了？或者，你声称自己准确估计出了这个数字，那你就是一个说瞎话的人。

实际上，你的估计是高是低并不重要。重要的是，对于你的表现，我会告诉你什么。如果这是一个关于群体间关系的研究，我会给你展示像这样的一系列圆点，然后随机地告诉你，你或者是一个高估圆点者，或者是一个低估圆点者。仅仅这样做，就可以将你推向“我们”与“他们”的心态。这正是研究者在下面这项研究中所做的。

SITUATIONS MATTER

情境实验室

在一项研究中，恩里·泰弗尔（Henri Tajfel）领导了一个由英国和法国的研究者组成的团队，利用圆点任务，将学龄期的男孩分成了两组。他们展示了 40 组不同的圆点，每组展示不到 0.5 秒的时间。再一次地，男孩们实际上高估、低估，还是胡乱估计了圆点的数量，都无所谓。每个男孩被随机地告知，他是一个高估者或者是一个低估者，然后与表现出了相同倾向的学生编成一组。

完成圆点任务之后，男孩们被告知，他们会继续完成一项无关的判断任务。研究者把他们领到单独的隔间，交给他们一套数字图表，让他们在两个同班同学间分配一笔金钱奖励。如一张图可能代表着学生 A 和学生 B 之间平分 15 美分。另一张图代表着给一个学生一定数量的钱，让另一个人失去另外一定数量的钱，这两笔钱数由他们决定。他们在这个任务中做出的每个决策，在研究结束时，都会转化成特定学生的真实收益或损失。

从表面上看，这个任务测量了他们理解数字图表的能力，任务是完全匿名的：男孩们永远不知道学生 A 和学生 B 到底是谁。但是，他们知道这两个学生的群体身份。如他们知道，学生 A 与自己一样，都属于高估者或是属于另外那组低估者。

即使群体的划分在几分钟前才建立起来，而且是随机的，群体归属对男孩们的分配决策还是产生了巨大的影响。那些被告知自己是高估者的男孩，所做的决定有 69% 的可能会偏向其他高估者。出于某些原因，低估者甚至表现出了更惊人的偏向，达到了 94%。

SITUATIONS MATTER

这种对内群体更加慷慨的倾向，不仅限于金钱领域。多年以前，美国研究者使用泰弗尔的圆点任务，考察了群体归属如何影响大学生的社会期望和记忆。在估计完圆点的数量之后，被试拿到了两组标签卡片。每张卡片上列出了一个行为，据称是前一位被试留下的。有些行为是积极的，如“我曾经带两个残疾孩子去度假”；一些行为则是消极的，如“我结婚后两次出轨”。

两组卡片都包含了相同数量的积极和消极行为，而每组中的具体卡片则随机轮换。因此，唯一真正有意义的差异是，被试相信一组卡片是由圆点高估者写下的，另一组则是由低估者写下的。

在浏览过这些卡片之后，被试接受了意料之外的记忆测验。在对积极行为的记忆方面，无论行为属于内群体还是外群体成员，他们的表现都一样好，正确地鉴别出了近 70% 的积极行为。但是，在消极行为上却出现了显著的差异：对与自己同属一组的高估者或低估者，被试正确记住的消极行为只有 57%。但是，对于另外一组人犯下的小错误，他们却记得更加清楚，准确率达到了 82%。

换句话说，与我们相似的人做出的坏事，不仅更容易被原谅，而且更容易被忘记。对于外人，我们不会对他们这么宽容，反而对他们持有更严格、更不容易达到的标准。

SITUATIONS MATTER

这种倾向非常根深蒂固，即使内群体与外群体是通过一些微不足道的事情，如看圆点的方式来区分的，仍然会表现出这种倾向。可想而知，如果两个群体在历史上就不和，这种偏见会变得多么强烈。

社会分类带来的敌意

为什么我们会用积极的眼光看待内群体？这在一定程度上是因为，我们会更加慷慨地看待自己。在评价你自己的特征和行为时，你所戴的那副有色眼镜，也影响了你如何看待自己归属的群体。有的时候，仅仅是寻求自我感觉良好的努力，就会让你将自己与那些不如你的人做比较；通过贬低外群体，也可以帮助你恢复集体的自豪感和自尊。

圆点研究提供的另一个启示是我们究竟有多么依赖分类。时间太少，世界上的人又太多，这让我们没法对遇到的每个人做细致而深入的检视。我们只有有限的心理能量，而分类正是一种认知上的捷径。

你可以暂时忘记我们是如何知觉他人的，请想一想我们是如何知觉物体的。在生命的早期，我们就开始根据环境中事物的明显特征，来构建出分类：家具、蔬菜、鸟、卡车，通过使用这样的分类，我们可以节省时间和精力。虽然你没法给出“家具”的精确定义，但就像美国最高法院对“淫秽”的定义一样，你看到就会知道。这种将新事物和熟悉的事物联系起来的能力，让你可以更容易地应对生活环境中的新鲜事物，节省认知资源，将其留给更重要的目标。

不过，我们对分类的依赖也带来了一些副作用。对分类的依赖的第一个副作用是，我们会夸大人与人之间，以及物体与物体之间的差异。以蔬菜为例，在美国农业部给出的食物金字塔中，水果和蔬菜在同一层，他们建议我们每天吃 5 ～ 9 份。除了这些，他们还建议我们吃 6 ～ 11 份谷物、3 份肉、3 份乳制品。这让我们不禁要问，他们是不是建议我们每天吃 8 顿饭。虽然美国农业部希望将水果和蔬菜归为一组，但如果我在一句话里提到了这两个词，我的小女儿就会嘲笑我的天真。据她和她的学前班小伙伴说，水果很好吃，蔬菜则是地球给我们的惩罚。

有一次，我犯下了大错，想要和她理论一番，解释说她不爱吃的西红柿其实是水果，而她喜欢吃的草莓更像是蔬菜。然后她就开始哭了。直到我向她保证说，我是在开玩笑，她才停了下来。我们成年人也喜欢让对立的事物分类之间保持健康的心理距离，虽然反对的意见通常不会让我们掉眼泪。

对分类的依赖带来的第二个副作用是，它让我们忽视了存在于群体内部的差异。以鸟类为例，我们大多数人都可以很容易地举出例子：知更鸟、麻雀、乌鸦、蓝鸟、鸽子。但是，“鸟类”这个分类，实际上远比我们想象的更加多样，还包括鸵鸟、猫头鹰、火鸡、鹈鹕和企鹅。就好像不同的分类没有我们想象的那么不同一样，属于同一个分类的事物也没有我们想象的那么相似。

一年级的科学课就上到这里。这里的启示是，我们在思考他人时所依赖的分类也差不多。首先，我们会转向那些几乎是自动形成的分类。其次，分类导致我们夸大了群体之间的微小差异，而忽视了群体内部的巨大差异。

科罗拉多大学的研究者开展了一项神经科学研究，考察了社会分类的过程到底有多么自动化。被试戴着弹性帽，上面有感受器，可以测量与大脑活动相关的电位变化。他们观看了不同种族和性别的面孔照片。一组照片可能包括 4 个白人男性和 1 个黑人男性，另一组则有 4 个白人女性和 1 个白人男性，诸如此类。

研究者感兴趣的是，大脑对一组面孔中种族和性别的变化，会做出怎样的反应。对于种族来说，只要 100 毫秒（0.1 秒）的时间，大脑活动的变化就能被观察到。性别花费的时间也没有长多少，只有 150 毫秒。换句话说，将你遇到的人分类所需的时间，比你打个喷嚏的时间还短。

那么，分类的副作用需要多长时间会出现呢？在我们思考他人时，它们也就随之出现了。就像我女儿看待水果和蔬菜的方式一样，我们在不同的社会分类之间，也维持着严格的界限。

请考虑一下刚才讲过的卡片研究。高估者和低估者不只对外群体的负面行为有着更好的记忆，在另一项研究中，他们还预期外群体的人做出更多的负面行为。这种期望和夸大群体间差异的倾向，为刻板印象铺平了道路。

我们对绝对分类的热衷，最好的一个例子是，我们在谈起混血者时，会强行把他们塞到一个更清晰的分类中。奥巴马、演员哈莉·贝里（Halle Berry）和泰格·伍兹有什么共同点？一般的共识是，他们在各自的领域里，都是第一位达到这个位置的非裔美国人。但是，这三个人其实都是混血的，虽然从一般人谈起他们的方式，如“第一位非裔美国人总统”上，完全看不出这一点。

没有人说哈莉·贝里是第一位赢得奥斯卡最佳女演员奖的混血女星，或者泰格·伍兹是第一位赢得大师赛的亚裔高尔夫球选手，即使这两种说法事实上都成立。就像水果和蔬菜一样，我们会回避模糊性，更愿意用非此即彼的方式看待他人。

我提到的另一个副作用，即倾向于忽视群体内差异，在人们思考他人时也会出现。不用想多远，就想想许多人所持有的常规直觉吧，他们认为特定种族群体的成员长得都一样。对于这种“他们长得都一样”的假设，有趣的一点是，它出现的机会是均等的：白人认为亚裔是这样，而亚裔也认为白人是这样。

另一个有趣之处是，这种观点并没有客观的证据支持：尽管有许多研究已经证实，我们确实更善于识别自己种族的面孔，但是并没有可靠的证据表明，有某个特定的种族群体，大家的长相更加相似。

因此，如果这些群体并不是真的“长得都一样”，那么为什么我们会相信他们是这样呢？

在很大程度上，这是由于分类化。从知觉的角度来看，一旦我们认为某张面孔属于我们自己的群体，我们就会区别对待它。我们会从整体的角度加工内群体的面孔，将面孔作为一个单元，除了注意到它的各个具体特征之外，还会注意到特征之间的关系。如果我们认为某张面孔属于其他种族，就不会这么仔细了。请看下面这项研究。

SITUATIONS MATTER

情境实验室

得克萨斯大学埃尔帕索分校的研究者开展了一个评估西班牙裔被试对面孔的记忆的研究。研究者使用电脑程序，创造了一系列种族特征模糊的面孔，如有的面孔既可以被归为西班牙裔，也可以被归为黑人。如果给一张面孔加上一个“西班牙裔样子”的发型如中等长度的黑发，通常留着背头，那么被试对它的记忆就比较不错。另一组西班牙裔被试观看的是同一组照片，但是加上了“黑人样子”的发型，这极大地限制了他们记住以及后来识别这些面孔的能力。

在后续的记忆测验中，如果一张脸有一个“黑人发型”而不是“西班牙裔发型”，那么被试犯错误的次数会达到之前的两倍以上。

SITUATIONS MATTER

简而言之，分类决定了我们如何看待彼此。

如果你将某人纳入了“我们”这一类，那么就会更加慷慨地对待他，为他的错误提供合理化的解释，珍视他作为一个个体的价值，甚至会更加仔细地加工他的面部特征。如果把某人归到“他们”，那么你就会降低期望，因为他的失误而喋喋不休，并且认为他代表了一类人。在敌对的派系之间，这种不对称尤其明显，不过即使是在那些基于最简单的标准划分出的分类中，也会存在这种情况。

社会分类带来的敌意是即时的，也是普遍存在的。再举一个例子，请想想你自己作为行人的经验。想想如果有司机不给你让路，或是停在人行横道中间，或是因加速溅了你一身水，你是多么容易就对他们产生敌意。对我来说，在一个拥挤的区域，只需要走上 30 秒，就会对所有和司机有关的事物发展出厌恶情绪，并认为我们这些行人在道德上是更优越的物种。

然后，在我回到自己车的驾驶座上不久，我就开始咒骂那些乱穿马路以及闯红灯的行人，并完全沉浸在新获得的分类归属带给我的优越感上。

要想展示我们对分类有多么习惯，我邀请读者来做一个简短练习。

让我们开始吧。如果你在我的实验室里，我会让你坐在电脑前，用键盘来分类一系列的单词，越快越好。但对于现在的我们来说这太高科技了，因此我们会采用第二严谨的测评分类能力的科学方法：拍大腿。

让我澄清一下：在接下来的几段里，我会要求你将双手掌心朝下，放在膝盖上。右手放在右腿上，左手放在左腿上。你现在不需要这样做，因为这会不可避免地影响你拿着这本书或翻页的能力。不过，一会儿我会让你摆出这个姿势。

你的任务是阅读一个单词列表，将每个词分为让人愉悦的或让人不愉悦的。对于让人愉悦的词，请你用右手拍一下右腿；对于让人不愉悦的词，请你用左手拍一下左腿。按照自上而下的顺序阅读列表，并且越快越好。如果你犯了一个错误，那就纠正过来，然后再继续。列表里一共有 25 个词，因此如果有人在你完成任务的时候经过，应该会听到 25 声单独的、没有节奏的拍击声。他们也可能会开始考虑是否应该帮你找个心理医生，因此你在开始前最好能关上门。

好的，现在是时候摆出那个姿势了。用力地压一下书，将它打开放到你面前的桌子上，对于你的电子阅读器也是如此，不过不要压它；你需要能看到列表。记住，对你的要求是，对于让人愉悦的词，用右手拍右腿，对于让人不愉悦的词，用左手拍左腿。如果你愿意的话，甚至可以记录一下完成列表的时间，这会给你一个量化的结果，让你在之后深入思考。

准备，开始！将目光移到下一页，并分类：

让人不愉悦的词 左侧	←——→	让人愉悦的词 右侧
	假期	
	健康	
	邪恶	
	死亡	
	彩虹	
	癌症	
	天堂	
	呕吐	
	污染	
	欢呼	
	离婚	
	肮脏	
	日出	
	爱情	
	虐待	
	奇迹	
	腐烂	
	欢笑	
	微笑	
	监狱	
	苦恼	
	胜利	
	珠宝	
	愉快	
	垃圾	

不算太难，是不是？当然，有些人会对列表中的某个词有个人化的反应。也许你的出生月份给了“癌症”（cancer）[①] 积极的星座含义。也许你对混合各个颜色的彩虹麦片有着不愉快的回忆，因此对于“彩虹”这个词的联想更加复杂。不过，在大多数情况下，我们都会同意哪些词是愉悦的，哪些词是不愉悦的，而且我们可以很快将它们区分开来。

现在，让我们增加一点难度。这一次，你会同时做两个分类任务。像之前一样，看到积极的词拍右手，看到消极的词拍左手。不过，我现在希望你同时还对人名分类。具体来说，我希望你判断人名的种族归属。

什么意思？请让我再进一步解释一下。当你读到一个在刻板印象中的白人名字，如埃米莉（Emily）或格雷格（Greg）时，也请用右手拍右腿。如果你看到一个刻板印象里的黑人名字，如拉奇莎（Lakisha）或贾迈勒（Jamal），请用左手拍左腿。我知道，出于一些原因，这可能会让你紧张，甚至心烦意乱。首先，可能你的名字是埃米莉或格雷格，但你不是白人。此外，我知道，我在让你将物体和人一视同仁地对待。但是我向你保证，这都是为了科学。

现在，请花一些时间熟悉指示。对于愉悦的词，或是“听起来像白人”的名字，你应该拍右腿。对于不愉悦的词，或是“听起来像黑人”的名字，你应该拍左腿。这一次还是越快越好，并且请记住，这个练习是针对所在国家经常会出现这些名字的人设计的。如果对你来说不是如此，你可以替换成另外一种对你来说有意义的种族划分，你可以把列表中的名字划掉，换成阿拉伯或以色列名字、韩国或日本名字，或是任何恰当的配对。准备好了吗？开始！

① 英文中“癌症”和“巨蟹座”都是 cancer。——译者注

让人不愉悦的词 或 黑人名字 左侧	⟷	让人愉悦的词 或 白人名字 右侧
	笑声	
	梅雷迪思	
	假期	
	拉托尼娅	
	臭味	
	马德林	
	贝齐	
	魔鬼	
	蒂龙	
	索菲	
	袭击	
	贾马尔	
	格雷夫	
	愉悦	
	谢恩卡	
	苦恼	
	乡巴佬	
	绝望	
	奇迹	
	埃博妮	
	浪漫	
	迪伦	
	马奎斯	
	英雄	
	达内尔	

再来做最后一个任务。你需要再一次地同时对词和人名分类，但这一次要交换白人名字和黑人名字的位置。

也就是说，用右手来对刻板印象的黑人名字做出反应，用左手对刻板印象的白人名字做出反应。即当听到让人愉悦的词或是黑人名字时，拍右手；当听到让人不愉悦的词或是白人名字时，拍左手。

与上一轮相比，这是一个巨大的改变，你的大脑可能需要一些时间，才能记住它们。你可以重读前面的段落，甚至可以大声地说一遍规则。

如果你准备好了，请开始。

超过 3/4 的人都发现最后一个列表是最困难的。

即使你没有计时，也应该能感觉到，自己花了更长的时间，甚至犯了更多的错误。如果你确实计了时，那么如果最后这一组花掉的时间是前面的两倍以上，我一点也不会感到惊讶。

换句话说，我已经预料到，你们中大多数人会发现，将让人愉悦的词和黑人名字配对，要比将它们和白人名字配对难得多。或者换一种说法，对你来说，将黑人名字和让人不愉悦的词联系在一起，要比白人名字更容易。

如果你是黑人呢？我还会做出同样的预测吗？这是个很好也是很重要的问题。我保证，一会儿就会谈到它。

你看，不是所有的分类都是平等的。也许它们在创造出来的时候是平等的，但我们很快就会用不同的方式来思考它们。

让人不愉悦的词 或 白人名字 左侧	←→	让人愉悦的词 或 黑人名字 右侧
	温柔	
	毒药	
	温迪	
	达里尔	
	灾难	
	凯特琳	
	爱莎	
	悲剧	
	受伤	
	特雷沃	
	欢笑	
	塔梅卡	
	阿曼达	
	愤怒	
	阿比盖尔	
	欢乐	
	莫莉	
	高兴	
	丑陋	
	沙尼斯	
	乐园	
	贾斯明	
	惩罚	
	天堂	
	康纳	

我还有第二个预测。我打赌，你现在感到有一点怀疑、愤愤不平，甚至可能会愤怒。你可能会认为，你在完成最后这个列表时遇到的任何困难，都与种族无关。相反，你只是更习惯用一种方式来分类名字，白人名字在右边，黑人名字在左边，所以最后的交换才带来混乱，是不是？

这是一个合理的假设。我在第一次完成这个任务时，也是这么想的。但这不是真的。

你不需要相信我说的话，如果你还有力气，可以再从头做一遍。这一次，先做第三组，再做第二组，不过每次都从列表最下面的一个词开始，这样你的顺序就与上一次不同。

实际上，顺序的影响并没有我们想象的那么大。我在课堂和种族多元化培训班上都多次演示过这个练习，而且调整过词的顺序。即使我要求听众先做第三个列表，再做第二个，大多数人仍然会发现，将让人愉快的词和黑人名字放在同一侧是最难的。如果他们做了和你相反的顺序，即首先将让人愉悦的词和黑人名字放在一边，你知道他们的第一反应通常是什么吗？他们也会坚持，自己的表现与种族没有关系。然后，他们会解释说，练习让他们更加熟练。因此，不是顺序导致了这种效应，即使你可能这样感觉。

分类并不存在于真空之中。即使我们没有意识到，或不愿承认，但不同的社会群体在我们的头脑中会带来不同的感受、期望和认知联系。

SITUATIONS MATTER

自以为是的公正无私

前几页的分类练习，是一个低科技版本的内隐联想测验（Implicit Association Test，IAT）。IAT是由哈佛大学、华盛顿大学以及弗吉尼亚大学的心理学家开发出来的，用来测量在一般情况下人们不能或不愿表达出的基于分类的信念。你可以在哈佛大学的“内隐项目”（Project Implicit）网站上完成在线版本的IAT[1]，网站给出了基于不同分类的测验，包括性别、年龄、残障与否、性取向、宗教和黑人白人之外的其他种族群体。

不过，我们还是先回到你刚才完成的版本。我们得到了一个令人不舒服，但无法回避的结论：对于我们大多数人来说，将“愉悦”和“白人”放在一起思考，要比将“愉悦”和“黑人”放在一起思考，更加容易，也更加自然。而“不愉悦”则反了过来。我知道，这是一个令人不快的结论，但是其他关于你会表现出不同的单词分类速度的解释，都经不起推敲。

不是列表顺序的缘故。在我使用这种测验的时候，顺序不会造成什么影响。更有说服力的是，“内隐项目”网站报告说，有70%的网络被试能够更快地将让人愉悦的词和白人名字配对，无论列表顺序如何。

也不是因为我选的名字有什么特别之处。当然，不是所有的非裔美国人都有拉奇莎或贾迈勒这样的名字。而且，毫无疑问，这些名字很有可能触发一种更加个人化的刻板印象，而非与更大的种族群体有关。但是，使用黑人和白人的面孔照片而非名字，也不会改变多少结果。

这不是一个简单的“我们”与“他们”对立的效应。在黑人与白人的比

① 网站地址：http://implicit.harvard.edu/implicit/。——译者注

较中，亚裔美国人既不是“我们”，也不是“他们”。但是亚裔与白人一样，会发现将让人愉悦的词和听起来像白人的名字匹配在一起更容易一些。那么非裔美国人的表现呢？结果与严格的“我们”与“他们”对立的观点所预测的不同，并不是两相颠倒。有一半的黑人被试表现出了偏向“黑人”分类的偏差，另一半则表现出了偏向“白人”分类的偏差。

一个无法逃避的结论是，我们大多数人都会更快地配对愉悦 / 白人和不愉悦 / 黑人，而非相反，因为我们之前已经无数次地暴露在这些联系中。再一次地，只要看看媒体就行了：在电影中，黑人女性角色与白人女性角色相比，有 5 倍以上的可能性说脏话或是表现出身体上的暴力行为。在美国的本地新闻广播中，如果一个犯罪嫌疑人是黑人而非白人，他的照片有 4 倍以上的可能性在荧幕上展示出来。而根据塔夫茨大学开展的一项研究，在黄金时段的电视节目中，即使是虚构的角色，在与黑人角色交流时，也会表现出更多的疏离和更少的友善非言语行为。

即使是无意识地，我们也会将这些信息中的一部分谨记在心。在塔夫茨大学电视研究的一个实验中，被试观看了一系列黄金时段的电视节目。看完节目的剪辑，其中白人角色对黑人角色表现出了不友善的非言语行为之后，被试在完成 IAT 时表现出了更大的偏差。也就是说，看到电视角色冷漠地与黑人交流，就会让愉悦的概念和黑人面孔配对变得更加困难。

因此，甲壳虫乐队是对的，每个人都会隐藏一些东西，即使每个人都欺骗说自己是例外。也许你不属于大多数人，在配对让人愉悦的词和黑人名字时没有遇到困难。也许你对文化中的其他种族和民族群体带有自动化的联结——或者对女性，或者对男性，或者是对特定宗教、年龄、国籍、体重、肤色、性取向、社会阶级或地理区域的人。

要点在于，我们并不只是将人们分好类，然后就放在那里。社会分类导致了一般化期望和一系列特定的思维模式，所有这些都塑造和反映了我们周围更加宽泛的文化信息。尽管我们可以轻易地使用“所见即所得”的方式来解释群体间的冲突和差异，认为只有怀着仇恨态度且心怀恨意的人才会如此，但实际上，许多社会偏见的产生和维持都要归咎于更加基本的认知倾向，我们所有人都有这样的倾向。

大多数人都听过库伯勒－罗斯（Kübler-Ross）的哀伤五阶段理论，这个理论描述了我们在应对损失时可能经历的五个步骤，即否认→愤怒→讨价还价→沮丧→接受。

在我的经验中，人们在面对像IAT这样的测验结果时，也会经历一系列可以预测的阶段。就像哀伤五阶段理论一样，首先是否认，拒绝相信我们在词汇分类速度方面的变化与种族有关。但是，再一次地，其他关于为什么第三个列表比第二个列表让你花费了更多时间的解释，最终都不能成立。

渐渐地，许多人会转向一种“那又怎样？”的反应。如认为也许种族确实影响了词汇分类，但那又怎样？我在将“愉悦”和“黑人”配对方面的困难，并不能反映出我关于种族的个人信念，只能说明在社会中确实存在着这样一种偏见。不管怎样，我们许多人都成长在这样的文化中，好人通常穿着白色，坏人通常穿着黑色。白色的蛋糕是天使的食物，而黑色的蛋糕，尽管比白色的好吃许多，却属于魔鬼的领地。像白人和黑人这样的社会分类所带来的不同心理联结，并不会影响到我们的实际行为，是不是？

不过，它们确实会产生影响。至少，现在你知道了，这些想法会影响到拍手的速度，我并不认为这个结论是微不足道的。你不能将IAT贬低成一种简单的魔术，实际上，这种测验所捕获到的那种感觉，会影响到真实的行为。而且，在简单的词语分类之外，我们对社会群体的期望，会影响到更为重要的判断和行为。

以招聘为例。研究表明，一个职位申请者的种族会影响到雇主对他的评价，这种影响在双方尚未见面时就出现了。

SITUATIONS MATTER

情境实验室

仅在几年之前，芝加哥大学和哈佛大学的经济学家针对销售、客服和管理支持领域的招聘广告，制作并寄出了 5 000 份简历。他们根据出生记录，在一半的简历上使用了听上去像白人的名字，另一半则用了听上去像黑人的名字。他们论文的标题是《埃米莉和格雷格是不是比拉奇莎和贾迈勒更容易找到工作？》。

经济学家们为白人和黑人的虚假应聘者设置了不同的语音邮件邮箱，发现每投出 10 份带着白人名字的简历，就会接到一个回电。对于黑人应聘者来说，则需要投出 15 份简历，才能接到一个回电。你可能会觉得这听上去区别不大，但是这意味着对于黑人应聘者来说，需要多付出 50% 的努力，才能得到与其他人相同的不冷不热的回复。研究者发现，有一个“白人”的名字，在收到回电方面带来的好处，相当于在简历上增加八年的工作经历。

SITUATIONS MATTER

如何解释这种差异呢？再一次地，“所见即所得”的说法会是，美国各地的人力资源部门都充斥着心怀怨恨的、不宽容的人。但是，请再仔细地思考一下情境。任何曾经评估过简历的人都会告诉你，这些简历很快就会变得看上去差不多。这是一种主观的过程，即使是最表面的差异特点——如格式和字体、言语的选择、拼写错误，甚至是一个名字，也会带来巨大的影响。

实际上，如果你想一想，简历研究实际上就是一个 IAT 实验。它们有着相同的设计：那些人时间太少，却要对太多的人做出太多的评价。这一次不是被试面对着长长的列表，而是经理面对着海量的简历。在这样的情况下，过多的判断让人没有机会对其中的任何一个深思熟虑，这样我们现有的默认联结，就会带来巨大的差异。你的大腿可能已经能够证明这一点。

可惜，即使我们有时间权衡自己的选择，我们仍然无法避免这些分类带来的感觉和预期。在求职领域，种族的差距并不限于对简历的评估。下面这个研究表明，面对面的面试也会随着肤色或面孔的不同，而表现出巨大的差异。

SITUATIONS MATTER

情境实验室

在普林斯顿大学开展的一项研究中，研究者要求白人被试面试一些高中学生，来找出最适合参加学术团队竞赛的人选。每个面试官都得到了一份包括 15 个问题的列表，用来评估两名候选者，一个是白人，一个是黑人。两次面试的顺序是随机决定的。面试官不知道的是，他们实际上是一直在被观察的人，研究团队的成员通过单面镜，评估了他们的言语和非言语表现。

这些面试官对白人和黑人申请者的不同反应非常明显。他们花了更长的时间在白人申请者身上，具体来说，多出了 33%。他们坐的位置离白人申请者的距离也要近上几厘米，而且在面试的过程中身体甚至会更加前倾。与和黑人申请者谈话时相比，面试官在和白人申请者谈话时，还会出现更少的言语错误，如更少重复自己说的话、更少犹豫或是口吃。

并没有什么证据表明这些面试官是心怀怨恨的人。他们只是普通人。但是，他们的行为在两次面试之间的改变，足以给白人和黑人申请者带来非常不同的体验。也许他们对黑人申请者有更低的预期。或者，他们在进行跨种族的对话时，会更紧张一些。不过，有一件事是肯定的：面试官在行为上的改变，不取决于候选人自己在面试中的表现。我们知道这一点，是因为“申请者”实际上是接受了研究者训练的学生，他们会采用一致的、反复排练过的方式来表现，细致到了他们面对面试官的角度，以及保持多长时间的眼神接触。

再一次地，面试官并没有试图让黑人申请者出局。但是这就是他们实际所做的事情。这是因为，如果和你谈话的面试官心不在焉、冷淡或是紧张，那么你就更难在面试中取得成功。实际上，在第二个研究中，研究者做了一些调整，这一次训练了一些面试官。一半的人被要求使用第一个研究中白人申请者所面对的那种风格开展面试，即坐得更近、花更多的时间，诸如此类。另一半人则被训练出不那么急切的、更加疏远的风格，这正是前一个研究中黑人申请者所面对的。接下来，这些面试官开始面试不知情的普林斯顿白人学生。

这些学生志愿者被告知，他们在帮助职业服务中心训练新的面试官，所以他们应该将这次面试当做一个真正的工作面试来对待。这些“候选人”全是白人学生，他们表现得如何呢？正如你所预期的那样，那些被分配到一个投入的、友善的面试官的人，其表现超过了那些面试官更有疏离感的人。确实，如果你看了这些面试者的录像，你也会相信，第一组人更符合要求，令人更印象深刻，而且在人际方面的领悟能力更强。即使他们实际上并非如此，唯一的区别是，他们被分配到了什么样的面试官。

SITUATIONS MATTER

当然，在现实生活中，我们不会被随机分配到温暖或是冷淡的面试官。现实更加不公平。有些人经常会被开放的、放松的和投入的人面试，他们愿意花时间寻找我们的优点。另一些人则不会如此幸运。

换句话说，对于你在拍大腿任务中的表现，不要用“那又怎样？”来回应。基于分类的联结在真实世界中会带来不同，而且不仅限于招聘领域。恰恰就是这种刻板化的联结，让警察在模拟训练中，相对于黑人嫌疑人，更容易认为一个白人嫌疑人没带武器。这也解释了，为什么那些IAT偏见分数较高的医生，更不愿意认为一个感觉胸部疼痛的患者需要使用抗凝血的溶栓剂。这还解释了，为什么人们在像IAT这样的任务中表现出的偏见越多，那么在与另一个种族的人进行非正式谈话时，身体的姿态就更加封闭。

虽然你付出了很大的努力，对自己的公正深信不疑，但是你的心态并没有你想象的那样公正。即使有人是这样的，但也非常少。

重构情境，化解仇恨

在家里，我们会玩许多游戏。就像几十年前我的父亲一样，我发展出了一项嗜好，在游戏进行的过程中，有时会在起居室的地毯上打个盹儿。我把许多个慵懒而舒适的下午用来陪孩子，同时想出各种有创意的方式，来赶走那延绵不绝的睡意。我想出的一种策略，是用非传统的方式来玩传统的游戏。以“猜猜是谁？”为例，在这个游戏中，你需要使用尽可能少的是否问题，从你面前的几十个塑料做成的面孔中，找出哪一个是对手持有的。最简单的问题是询问性别、眼镜的颜色、有没有胡子或是穿什么样的衣服。但是，我很快就觉得这些问题不能令人满意，更不要说还会让人昏昏欲睡。因此，我会加入一些令人出其不意的东西。

我不会问“是女性吗？”而是会问“这个人有没有卵巢？”这样的话，

既是一个游戏，也是一堂解剖课。更好的是，我非常喜欢那些无法回答的问题，如“这个人满意自己的工作吗？”“她喜欢红葡萄还是绿葡萄？”或者“他有忠诚方面的问题吗？”

开始的时候，我这样做是为了找乐子。事实证明，向孩子们询问她们无法真正理解、更不要说回答的问题，很容易让她们开怀大笑。不过，当时我并没有想到，我自己的科学研究很快就会发现，我们中的许多人在真实生活中进行社会互动时，也会使用相似的策略，即刻意回避那些明显的东西。特别是在种族方面。

了解了我们对内群体的偏好、分类和刻板印象的自动化倾向之后，很自然的一个疑问是：我们应该怎么应对它们？在这段时间，一个越来越流行的策略是，坚称自己没有注意到群体差异的存在。各种地方都能观察到这种试图表现出的色盲策略，如种族中立的小学课程，它让学生们后来才惊讶地发现，马丁·路德·金原来是个黑人；或者像脱口秀笑星史蒂芬·科尔伯特（Stephen Colbert）一样，经常问脱口秀嘉宾是不是非裔美国人，因为他“看不到肤色”。

这种色盲策略背后的假设是，如果我没注意到种族，那我就不可能是种族主义者。因此，你的同事在描述办公室的新成员时会说：“哦，他和我差不多高，宽肩膀，40多岁，穿着整齐，经常微笑。”但会刻意过滤掉一个关键的事实，那就是他是这栋楼里仅有的几名黑人之一。或者种族可能会被提到，但只是在最后，并首先看看四周有没有人在听，然后再小声说出来。

换句话说，现在有许多人会赞同这样的观点，即认为谈论种族就好像是向你的配偶承认，你觉得别人更好看，这不会有什么好结果。相反，我们会寻找有创意的方式，来避免谈论这个话题，即使它和我们当前面对的情境有关。于是就出现了这样的心态，即完全回避种族问题，来赢得好印象，或者至少，避免造成坏印象。这种策略真的有用吗？答案是否定的。

我在塔夫茨大学的实验室开展了一系列研究，在这些研究中，我和同事们评估了这种努力表现出色盲的策略所带来的社会后果。我们采用的方法就是使用我最喜欢的花招，用非传统的方式来玩传统游戏。在这个研究中，我们让被试玩了一项成熟版的“猜猜是谁？”游戏。第一步是拍摄了一系列成年人的照片，创造出了 32 张脸。接下来，我们招募了多对被试，来玩我们这个版本的游戏，让他们用尽可能少的是否问题，来确定照片中人物的身份。

就像小孩子玩的游戏一样，实验材料中的照片总是在几个维度上存在差异。具体来说，这些照片在三种属性上存在区别，即背景颜色、性别和种族。一半的面孔背景是红色的，另一半是蓝色的。一半是女性，另一半是男性。一半是典型的白人面孔，另一半是典型的黑人面孔。这使玩家在玩游戏时可以询问三个非常有用的问题，比如通过询问目标照片是不是红色或蓝色的背景，你就可以排除掉一半的可能性。

确实，在这项研究中，几乎每个成年被试都会询问搭档关于背景的问题。对于性别也是如此。但是，对于种族，有趣的事情发生了。当白人被试和白人搭档一起玩时，他们有 95% 的情况会问到种族。但是与黑人搭档一起玩时，这个数字降到了 63%。在其他版本的游戏中，比例甚至还要低得多。

这种回避种族问题的努力，会带来怎样的后果？它会导致更加低效的沟通以及更差的表现。如果你刻意回避明显的事实，就需要问更多的问题才能鉴别出目标。

更成问题的是，色盲策略实际上造成了负面的社会印象。我们给不了解本研究的人播放去掉声音的研究录像，要他们评估录像中表现出的非言语行为。他们报告说，当玩家刻意回避种族时，显得更不友好，更加心不在焉。过度关注于不要说错话，这让他们显得更加心事重重和虚伪。讽刺的是，如果你太过努力地想要留下好印象，就有可能造成相反的结果。

因此，就像我已经说过的，我们不需要教师们在没有具体目的的时候，在课堂中喋喋不休地谈论像性别这样的区别；而且，我们也不需要法官在评估一名超过 90 公斤的攻击者可能造成的伤害时，提起种族。但是，坚持说社会分类根本不存在，这也不是解决问题的办法。拼命维持色盲的表面印象，这种做法制造出的问题，要比它能解决的多得多。

让我们面对现实吧：没有人真的分不清黑人与白人，虽然那些搞笑的脱口秀节目主持人试图让你相信这一点。研究数据表明，我们注意到种族的速度，甚至要快过打喷嚏。

就好像认为歧视总是来自恨意是一种过度简化一样，相信我们可以通过拒绝承认自己注意到了群体差异来避免偏见，也是非常天真的想法。

SITUATIONS MATTER

本章的一个启示是，要想解决像冲突、偏见和歧视这样的社会疾病，你无须假装社会分类根本不存在。这样做通常只会让情况变得更糟。

下一次你在超市农产品区的时候，如果你的孩子指着一个售货员说："妈妈，看，这个人的脸颜色不一样。" 请记得，你不需要让她闭嘴，或是慌张地从冰冷的通道里逃走。她注意到了差异，但并没有做出判断。谈论种族和指出某个假发很糟并不一样。

而如果针对群体差异，你们碰巧进入了一次更加深入的讨论，那么不要尝试转移话题。即使你不同意，也听听每个人的想法。不要自动地将他们的立场贬低为“打种族牌”。

实际上，我们早就应该把这种说法从字典里完全拿掉了。这是一种简单的用来避免令人不舒服的谈话的借口，一种对任何讨论不平等问题的努力所做出的膝跳反射。在这一点上我要称赞一下《撞车》：这部电影也许对歧视问题提供了一种过度简化的视角，但它至少愿意开展对话。这就是观众和批评家如此喜欢它的原因，它提供了一个机会，来讨论我们许多人习惯性逃避的那些东西。就像“猜猜是谁？”研究所展示的那样，总是回避眼前的现实，实际上没有那么有趣。这种精神杂技非常消耗精力，会让人分心，最终会降低效率。

下一次如果你发现自己和一个不同背景的人交流，不要把所有的心理能量都用来担心不能说什么，或不能做什么。那些你自己认为是出于善意的焦虑，在别人看来就像是缺乏兴趣、心不在焉，或是试图隐藏什么东西。

请努力做出更加主动的、积极的社会行为。强迫你自己保持眼神接触，微笑，点头。询问问题，然后专心聆听对方的回答。自然地表现，不要为了安全而守口如瓶。研究的结论很明确：以促进积极结果为目标开展互动，要远比关注于预防消极结果更有效率。如果你的所有心理能量都试图用来避免留下坏印象，就更难给人留下好印象。

简而言之，跨种族的交流就像日常经验一样：你的看法会带来极大的不同。如果在种族问题上，你将多样化的环境和对话视为一个学习的机会，而非潜在的雷区，那么生活就会变得有趣得多，而且事情也会变得更顺利。

不过，本章最重要的启示也许是，不要用严格的“所见即所得”的方式来思考偏见问题。现在有太多的人忙于避免“种族主义者”的标签。演员被警察要求靠边停车时使用绰号，喜剧演员讲了一个欠妥的种族主义笑话，政治家说出了一句好像来自19世纪的评论……每当与种族相关的争议出现时，第一反应总是：“我不是一个种族主义者。”然后，讨论不可避免地朝着这个方向前进，开始质疑这个人是不是一个心胸狭窄的人。

于是，我们不得不吃力地考虑这种争论中所谓的支持性证据，如是否表达了良好的意图，过去的慈善记录，甚至是有没有几个黑人朋友。但是，这种关于某人是否是“种族主义者”的争论，就好像是和风车作战。争论不会得出任何结论，因为这种禀赋性的说法分量太重，任何人都不会承认，但又太过虚幻，以至于没法一劳永逸地安在别人头上。

是时候停止这些关于某人是或不是种族主义者，或是任何其他类型的“主义者”的无谓争论了。因为我们都是。我们都会把遇见的人分到不同的社会类别里。我们都受到刻板印象的影响。对于特定的群体，我们都有一些自动化的偏好或是厌恶。我们更习惯于和内群体成员而非外群体成员在一起。**真正的问题并非你是否是一个“主义者”，而是你愿不愿意努力克服自己的默认倾向，不依赖于建立在分类基础上的联结。**还有你所在的情境，是否给你留下了足够的认知能量，让你可以做到这一点。

我不是在说，你应该赞美歧视，或是在面对它时掉以轻心。但是，承认偏见是人性的一部分，这是没有问题的。承认这一点实际上会让人感到解脱。如果我们都不再否认看待彼此的方式确实增加了不平等，那么我们就可以开始努力让世界变得更加公平一些。而且，我们甚至可能放松下来，更加享受社会互动。因为，虽然偏见有自动化的方面，却并不意味着我们对它无能为力。IAT 和类似的测验，测量的都是我们对不同社会群体的内隐的或无意识的想法，这些想法会在我们放松警惕时对我们产生影响。这意味着，仅仅是认识到你持有这样的联结，就大大有助于限制它们的影响。我们所有人都有偏见，你接受而非逃避这个结论的好处是：通过这样做，你将内隐的变成了外显的，消除了之前隐藏其中的那些偏见的力量。

因此，不要害怕询问自己困难的问题，如果这个人和我没那么相似，我的反应会如何改变？或者如果牵扯其中的人是我自己所在群体的成员，那么这件事看上去会不会有所不同？请努力让自己摆脱默认假设的影响。强迫你自己思考这些我们通常不愿意承认的期望。

你还可以积极主动地构建情境，让歧视变得更不可能发生。确实有些彻头彻尾的偏见分子，他们会抓住任何机会，让某些人的生活变得更加艰难，但我们大多数人在大多数时候想要的只是公平，关键在于给自己提供足够的资源，这样你就不需要抄认知上的近路。比如，留下足够的时间来决策；或者对你正在评估的每个人，获得额外的、个人化的信息，来避免依赖表面印象做判断。

而且，请注意那个简单的研究发现，即你在疲劳、工作过度或是丧气时，最容易依赖刻板印象。实际上，“早起鸟”会随着一天的度过而变得更有偏见，“夜猫子”则正好相反。因此，任何可以帮助你清晰思考，让你感到舒适的东西，也都会让你不那么容易产生歧视。再一次地，请意识到，在日常生活中看起来微不足道的方面，对我们的思想和行为有着巨大的影响。

所有这些都不应该再令你感到惊讶了。关于情境的力量，你已经读了超过 200 页的内容了。你已经知道，人类的潜能范围是非常宽广的，就好像我们会飞快地坠入爱河一样，我们也会太过容易地滑向偏见。在许多时候，不是什么不可改变的人格类型，而是情境，决定了我们朝着哪个方向走。

请记住，不是所有的歧视都来自敌意，内心的善意并不能保证避免不平等的发生。恨与爱一样，你所看到的，并不总能准确地反映你内心深处的东西。

SITUATIONS MATTER

UNDERSTANDING HOW CONTEXT TRANSFORMS YOUR WORK

SITUATIONS MATTER

结 语

成为更有影响力的人

在生活中的许多时候，我们都不会对情境进行仔细的分析，而是笃信关于人性的假设。我们将冷漠或反社会的行为，解读为内心邪恶的结果。我们深信自己是一个独立的个体，不会被他人所左右。本书的目的是让你抛弃这些假设，让你注意到那些经常被忽视的影响人性的情境因素。

想想吧，下次如果你坐在一间拥挤的屋子里，电话响了，你还会像以前那样舒服地坐在那里，觉得别人会去接吗？

我骗了你。就在本书开始的时候。

虽然不是什么惊天动地的谎言，但即使是一点点欺骗，我也觉得应该讲清楚。

还记得在本书开头那个关于住宿券和纽瓦克机场的故事吗？我与玛尔塔——那个看起来有些冷血的客服代表斗智斗勇。虽然这件事的每个细节都是真实的，但我承认，我漏掉了一个关键的事实。

是的，我告诉玛尔塔我妻子怀孕了，这个信息让谈判的天平向我这边倾斜。而且，是的，对于我们免费的旅店房间，我妻子的反应是迷信的担忧：我们之前已经达成协议，不告诉任何其他人我们初次怀孕的消息，直到安全度过前三个月的时间。但是，我有意漏掉的部分是，那个时候她其实没有怀孕。好吧，那天晚上，在纽瓦克机场可能有人怀孕，但我发誓，这与我无关。我妻子所担心的，是发生在未来的、假想的厄运。

我告诉玛尔塔说，我们只是希望简单地利用航空公司章程中的一个漏洞。而且我没有犹豫。尽管我认为自己是个诚实的人，是邪恶的公司刻薄地对待我们，而且没有懊悔。通过我内心的小算盘，再加上慷慨的自我感知过程的帮助，还有适度的合理化，我得出结论说，我的谎言不过是扯平了。

在本书的第一稿中，我在一开始就承认，我在纽瓦克机场的成功经历包括了一个直白的谎言。我觉得这是一种有说服力的方式，点明了导言的寓意，那就是理解情境的力量，并不一定会让你变成一个道德意义上“更好”的人，但它确实可以让你在追求各种目标时，变成一个更有效能的人。

在把初稿给人传阅的时候，有几个人对开篇的部分表示了担忧。实际上，我相信我的编辑的具体问题是，我真的希望通过鼓吹撒谎，来向读者介绍自己？我承认，这很有道理。

不管怎样，本书探索了我们所具有的一种倾向，即根据一些行为片段，来形成某人属于某类人的持久印象。我已经详细介绍过了，我们在遇到别人时，会如何快速地对他们分类并做出判断，以及一旦得出了这些结论，它们会如何影响到我们的期望。因此，我会承认说，让读者对我留下骗子的第一印象，可能不是一个好主意。于是，我决定真实地讲出我的故事，但保留关键的那一部分。直到现在。

不过，我在这里承认，并不是出于诚实的考虑，也不是为了卸下良心的包袱。我已经告诉过你：对于我向玛尔塔撒的谎，我并不感觉糟糕。我之所以这样做，是因为这也可以提供有益的教训。它再一次地说明，仔细思考你所在的情境以及你创造出的情境的重要性。

好吧，一个编辑和作者琢磨一本书开篇几页的细节问题，并没有那么了不起。这是他们的职责所在，是不是？他们经常这样做，只是为了证明我们确实有能力针对那些可能带来巨大影响的细节开展艰深的思考，这些情境的寻常方面，对我们思考和行动的方式有着巨大的影响。确实，无论你是在出版领域，还是在市场、政治、教育或是销售领域，我们许多人就以此为生。

在生活的其他领域，从我们和陌生人的闲谈，到我们与朋友和爱人的最亲密的关系，我们都没有像这样仔细分析框架和情境。相反，如你所知，我们依靠关于人性的假设，来简化和消除围绕在我们周围的不确定性。我们将冷漠或反社会的行为，解读为内心邪恶的结果。我们深信自己是一个独立的个体，不会被他人所左右。我们让自己相信，通过对公开行为的简单接触，就可以让我们“真正地了解某人”，但我们却一次次地被邻家男孩变成的连环杀手，或是被逮到犯错误的满口道德说教的政治家所伤害。

本书的目的是让你抛弃这些假设。让你注意到那些经常被忽视的影响人性的情境因素。就好像作者为了定下合适的基调，而对引言痛苦地字斟句酌一样，或是像广告专业人士修改他的方案，来让影响力达到最大一样，你也可以通过更加仔细地分析人们行为背后的原因，而在日常生活中获益。

一旦你开始注意到了寻常情境的力量，就不再有回头路了。**通过认识这种真正影响到社会思维和行为的因素，你将不由自主地改变自己实际的思考和行为方式。**就像我在开篇的章节里所暗示的，这很像是学习到了一个魔术戏法的秘密：知道应该在哪里着眼，会让你在第二次看的时候，获得了新的启示。

想想吧，下次当你在一间拥挤的屋子或是办公室里时，电话响了，你还会像以前那样舒服地呆坐在那里，觉得别人会去接吗？你还会不假思索地赞同专栏作家或电视发言人的观点，认为最近的危机是几个不可救药的坏家伙造成的吗？或者，还会用“男孩本性如此”的说法，来解释看到的性别差异吗？

我知道，由于对情境的研究，我自己看待世界，以及与它互动的方式，都发生了巨大的改变。毫无疑问，我和其他人一样觉得电话推销很烦人，但我不会试图把它上升到个人层面。推销员只是希望挣碗饭吃。如果不是这样的话，与那些诅咒你的人开展一整天的对话，将会多么可悲？同样地，我知道他们认为，和我说话的时间越长，他们就越有可能从我的口袋里掏出钱来。因此，我会毫不迟疑地违反社会规范，而这种规范一般让我不会在别人一句话说了一半的时候挂电话。

最后，我意识到，是情境而非禀赋性的粗鲁，让这些人变成了大家都在公开抱怨的可鄙的入侵者。但是，我也认为，他们愿意违反不成文的规定，在吃饭时间给我打电话，这让我可以不用担心礼貌方面的问题。

在这些年里，我经常会从学生那里听到类似的故事。有些比较长，有些比较短，有些比较平凡，还有些意义深远。不过，它们都有一个共同的主题，那就是意识到情境的真实力量之后，这些学生改变了看待世界的方式。

以吉尔为例，她现在在金融领域工作，需要想办法解决同事总是填错表格的不良习惯问题。于是，她回忆了之前学到的东西，即从众可以有多么自动化，并利用这种知识解决了问题，就像她在一封电子邮件里说的：

> 我的同事感到很沮丧，因为她已经发了若干封邮件，来解释如何填写两个相对简单的表格，但没有人填对……我们决定给出填表的样例，从此以后，就没有任何问题了……总的来说，我试图记住，不要指望参与项目的人会用某种特定的方式来行动，而是应该设计出步骤，来驱使他们按照我希望的方式行动。

或者看看劳伦，现在在为马拉松比赛做准备，她讲述了下面这个故事，内容是她在面对模糊的紧急情境时，所表现出的坚持不懈：

> 于是，我在星期一跑了一次长跑，几公里后，在一盏红绿灯前停了下来。我调整呼吸，看看四周，注意到公交车的显示牌没有显示线路编号和目的地，而是闪烁着“紧急”，然后是“报警”的字样。我看看四周，令我失望的是，看上去似乎没有人受到了干扰，而且我发现自己在想：“他们是不是知道一些我不知道的事情？”我想了想我们上过的课，所有人都无动于衷，可能是因为公交车上还有乘客，看上去很正常，不像遇到了什么问题。但我觉得我应该做点什么……我没有电话，于是拦下来一个准备过街的妇女，她同意拨打 911。我继续跑步，不知道到底发生了什么……但是我很高兴我决定拦下某人帮忙。

或者看看萨曼莎，现在是一位小学教师，她告诉我说，她强迫自己在教学计划里加入了种族方面的内容，即使这是一个很难谈论的话题：

> 我教过的大多数班级的学生都以白人为主。我发现在这样的情况下，无论是学术性的，还是社会情绪方面的课程，都很难谈论种族问题。不过，虽然会感到不舒服，我还是没有阻止自己这样做。我在一个四年级班的课程里加入了一个关于奴隶制的单元，而且从今天开始，在二年级的班级里，我组织了关于美国民权运动时期南方静坐运动的讨论……我猜我学到的东西是，我自己感到不舒服的东西，别人未必会有如此的感觉，而且回避讨论种族，并不会让我们文化中的种族问题奇迹般地消失。实际上，情况只会更加糟糕。

或者看看贾斯廷，他是一名使用轮椅的学生，发现自己对社会期望的效应更加敏感了：

> 你可能已经知道，人们和坐轮椅的人在一起时，通常会感到不自在，讽刺的是，我也是这样。知道他们不自在，我可能就不会表现得那么开放和包容，而这就让他们更加不愿意和我谈话或交流。这制造了一种自我实现的预言。多亏了我们的课程，我现在已经意识到了这一点。我在试图利用这种知识，让自己变得更加开放和开朗，促成相反的效果。尽管这对我来说很难，但我觉得它正在慢慢起作用。

这样的例子还有很多，有人报告说不再那么容易被其他的司机激怒，还有人想出了更好的策略，从别人那里获得帮助；有人开始使用社交网络窥探潜在的约会对象，这会让他们看起来有些共同之处，还有人说服了家族中的人，在了解婴儿的性别之前，提前挑选好礼物。

一旦你知道应该在哪里寻找，随时随地都能看到情境的力量。

不过，有的时候，我们仍然会忽视它……

某天早上，我开车送女儿上学，她坐在安全座椅上，我们离目的地还有不到两公里。剩下的唯一障碍就是环岛了。

在混乱的车流中缓慢前行的时候，我们为了打发时间，像往常一样，开始数前面的车。计数开始很顺利，直到在“三”上停了下来。

“爸爸，我们为什么停下来？”等了一会儿，她问我。

“我不知道，亲爱的，”我回答说，“我们前面的红车不动了。”

在环岛有时会发生这样的事。于是，我假定三辆车之前的那辆尼桑没有问题。也许给它 20 秒的时间。这是一段合理的等待时间，等到有个缺口，它就会将局势掌握在自己手中，带领我们投入战斗，投入到该死的交通当中。确实，标牌上用巨大的方块字母写着："州法规定：司机为进入环岛的车流让路。"但是每个人都知道，这种警告不能当真。

我不是唯一一个开始按喇叭的人。我可能是第一个，但不是唯一的一个。最开始，我真诚地相信，这样的号角声可能让红色尼桑鼓起勇气，让他知道，在他后面排队的这些人相信他有能力带领我们冲锋。但是，响过三四声之后，由我发起的噪声就变得越来越有攻击性。我们在红色尼桑后面无能为力，没有别的选择，只能等他变得带种一点，而这开始让我们有些不耐烦了。

究竟是什么样的人，会让这么多车排在后面，自己却坐在那里不动？他在等什么，等待别人的邀请么？我们的喇叭大声地思考着：该死，这个红色尼桑到底有什么毛病？

"为什么这么吵？"我后面有个小声音问我。

我做了一个深呼吸。"大家在按喇叭，因为前面红车里的那个家伙应该学会如何开车。"我用尽可能冷静的语气解释道。

"你是说他小时候没上过学前班？"她认真地问。

"他爸爸也许开得太慢，没把他按时送到。"我回答说。

我在下坡的位置，又在几辆车之后，看不太清楚。但是现在，红色尼桑的司机似乎开始狂乱地打手势，似乎是想通过哑剧的方式，来为自己的无能辩护。但是，喇叭声仍在继续。

这个家伙注定是个失败者，我心想。他每天早上能给自己穿衣服就已经是个奇迹了。现在我们要迟到了，而我知道，在临死的时候，我会想要挽回这几分钟。

幸运的是，我们终于开始几厘米几厘米地往前挪。我女儿问了另外一个问题，但我没有注意听。我太激动了。我开始思考，红色尼桑的司机到底是干什么的，祈祷他不是一个药剂师，或是空管员，希望他将自己软弱的性格投入到一个没有那么大影响力的职业上，如厕所服务员，或是参议员。

“爸爸，你没有回答我的问题。”我女儿突然说。

“对不起，甜心，”随着我们在环岛中缓慢移动，我回答说，“再问我一次。”

“为什么这些车上都挂着蓝旗？”

“你说什么？”我愣了一下。

“所有经过这里的车子上都挂着蓝旗。而且他们的灯都亮着，但现在不是晚上。”

“哦，”我说，然后在座位里慢慢往下滑。顿悟和后悔的分量，同时压在我的肩膀上。“这叫作送葬队列，”我安静地解释说，“你必须等他们过去。”

你看，即使是以研究情境为生的人，在日常生活的琐事中，仍然会回到过去的坏习惯上。如果你疲劳、忙碌、分心，或仅是无意识地操作，那么就更有可能放松戒备，退回到过去那些假设中，忽视眼前的情境，变得太过容易。

因此，虽然阅读本书可以让你开始看清人性，但我对你的临别建议是，继续强迫自己思考生活中的情境影响力，至少每天一次。而且，一定要从你犯的错误中学习。

在环岛中令我后悔不已的表现几天之后，我在一个满员的停车场里打转，想找到车位，而这时会面已经迟了。突然间，我看到两排之前，有个人爬进了自己的车子。我加速开到这个位置，用转弯信号灯标记了我的领地。由于被自己眨眼的声音催眠，过了一小会儿我才注意到，他并没有倒车出来的迹象。我试图耐心地等待，但他没有表现出任何希望的迹象，没开灯，没系上安全带，什么都没有。

等待开始变得有些荒谬可笑了。他已经看见我了，为什么还能如此从容不迫？但是，虽然我很想，却没法让自己鸣笛。这周早些时候，我试图打破送葬队列的错误行为，让我变得更加谨慎，于是我开始思考，他的不作为是否有合理的、情境性的原因。也许他在用手机打一个重要的电话。也许他在等其他人。不过，我的思考并没有持续很久，就被这一排后面另一辆车的声音所打断；他空出了一个位置，我迅速地占上了。

45 分钟之后，我走回停车场，发现我的对手正在和一个拖车司机交谈。很显然，是车子的问题，而不是对其他人的无动于衷，让他没法出来。更令人惊讶的是，我认识这个人，他是我女儿同班同学的父亲。这个我差点向他鸣笛的人不是什么不认识的司机，而是一个曾经和我有过几次友善谈话的人。一个我每周都有几个早上能够碰到的人。一个体形相当健壮的男人，左腿的重量可能就能抵上我的全身。

想到我惊险躲过的命运，我就一阵发抖。我可以听到从我的后座上，或是我的良心里，传来的那个小声音，问我："为什么这么吵？为什么你这次要鸣笛？为什么查理的爸爸拎着撬胎棒朝我们过来了？"

请铭记在心：情境很重要，接受这个简单而优雅的结论，带来的好处可以再加上一条，即自我保护。

致 谢

在 99% 的情况下，致谢都会让读者感到无聊。我知道，即使你们会往下看，也只会匆匆扫过。但是，请意识到我所面临的情境：这是我的第一本书。因此，我不能放弃这个机会，感谢那些帮助了我走到这里的人。而且，至少我把这部分放到了最后，这样你们就不需要吃力地读完它，才能开始读精彩的部分。

就像我在本书开头时说的，如果没有同事的帮助，这本书就不可能问世。我再一次地感谢社会心理学家同仁持续不断地做出的新奇和具有启发性的研究，同时允许我在这里借用这些研究讲我自己的故事，即使直到现在你们才知道给了我这样的许可。我希望我公正地介绍了你们的工作。

当然，我的家人值得特别地感谢和认可。我已经感谢过了萨默斯家族杰出的女士们，我美丽的妻子和女儿，而她们只是冰山一角。妈妈和爸爸，谢谢你们在情感、学术和经济方面的坚决支持，并为我树立了榜样，告诉我应该如何平衡职业和家庭。同样的感谢也献给总是支持我的岳母和岳父。还有我无可匹敌的兄弟姐妹们，谢谢你们在寻常话题的智力争论方面，给我提供了许多练习的机会，当然还有那些粗俗的讨论。这些技能在写作本书的过程中有很大帮助。

我还要感谢塔夫茨大学的整个社区。在过去的 8 年里，与塔夫茨大学学生的对话和交流，也对本书有关键的影响，他们是全世界最优秀的学生。他们提出的挑战性问题和令人惊讶的观察，让我每天的工作变得如此有趣。这种乐趣还要归功于我们系的同事。具体来说，我要感谢纳里尼·安贝迪（Nalini Ambady）鼓励我开始写作，并花时间阅读书稿，提供建议。还有基思·马多克斯（Keith Maddox）、莉萨·辛恩（Lisa Shin）和希瑟·厄里（Heather Urry），在我需要转移注意力的时候，用令人愉悦的方式帮我打发时间，同时当我在任何谈话里使用诸如“我的代理人”这样的说法时，向我表达出合理的悲伤。

说到这里，我应该好好感谢我的代理人——伟大的丹·拉扎尔（Dan Lazar）。像我们这种学术型的人才，一般不愿意承认我们不懂一些事情，但我要爽快地承认，在几年之前，我对写作完全不了解，更不要说出版一本书了。幸运的是，这些东西丹都懂。因此，丹，我要感谢你帮助我修改了粗糙的询问邮件，将它变成了真有机会找到出版商的东西。对于我的编辑，杰克·莫里西（Jake Morrissey），感谢你接过丹的工作，帮助我将这些想法转化成一本有可能受到读者欢迎的书。还要感谢“作家之屋”（Writer’s House）的所有人，包括斯蒂芬·巴尔（Stephne Barr）；还有河源出版社（Riverhead）的所有人，包括阿里·卡尔迪亚（Ali Cardia）和萨拉·鲍林（Sarah Bowlin）。你们已经将大量的时间和精力投入到这个项目上，我向你们致以诚挚的感谢。

要特别感谢我的高中英语老师——帕特·邓恩（Pat Dunn）和鲍勃·帕特森（Bob Patterson），你们让我明白写作可以很有趣，甚至可以有个性。感谢你们让我通过试错找到了自己的写作风格，并且当这种风格干扰到班里其他人时，让我闭嘴。对于邓恩太太现在的学生们，考虑到有极小的可能性，她会向你们展示本书的节选，这是一种我不能奢望的文学荣誉，我在书里安插了几个生词，你们可以在上课前把它们圈出来并查好意思。还有帕特森先生，我们都很想念你。

最后，还有其他几十个人，在本书的写作过程中，以及之前的许多年中，给了我鼓励和指导，甚至有的时候他们自己都没有意识到这一点。实际上这样的人太多了，没法全部在这里列出来，包括我的同事们；曾对我说“嘿，你将来应该写本书”的那位博客读者，还有建议我使用“一个露骨的登上《每日秀》节目的努力”这个副标题的朋友们。但是，我特别需要感谢这些人：Saul Kassin、Steve Fein、Phoebe Ellsworth、Dan Ariely、Susan Pioli、Cameron Hughes、Pat Shin、Robbi Behr和Mike Howard。还有最后一位，所有的美好事物都在这个名字之后戛然而止：马里亚诺·里韦拉（Mariano Rivera）[①]。

马萨诸塞州，梅德福

① 美国棒球明星，负责终结者的角色，效力于作者支持的波士顿红袜队的死敌纽约洋基队。——译者注

未来，属于终身学习者

我们正在亲历前所未有的变革——互联网改变了信息传递的方式，指数级技术快速发展并颠覆商业世界，人工智能正在侵占越来越多的人类领地。

面对这些变化，我们需要问自己：未来需要什么样的人才？

答案是，成为终身学习者。终身学习意味着永不停歇地追求全面的知识结构、强大的逻辑思考能力和敏锐的感知力。这是一种能够在不断变化中随时重建、更新认知体系的能力。阅读，无疑是帮助我们提高这种能力的最佳途径。

在充满不确定性的时代，答案并不总是简单地出现在书本之中。“读万卷书”不仅要亲自阅读、广泛阅读，也需要我们深入探索好书的内部世界，让知识不再局限于书本之中。

湛庐阅读 App：与最聪明的人共同进化

我们现在推出全新的湛庐阅读 App，它将成为您在书本之外，践行终身学习的场所。

- 不用考虑“读什么”。这里汇集了湛庐所有纸质书、电子书、有声书和各种阅读服务。
- 可以学习“怎么读”。我们提供包括课程、精读班和讲书在内的全方位阅读解决方案。
- 谁来领读？您能最先了解到作者、译者、专家等大咖的前沿洞见，他们是高质量思想的源泉。
- 与谁共读？您将加入优秀的读者和终身学习者的行列，他们对阅读和学习具有持久的热情和源源不断的动力。

在湛庐阅读 App 首页，编辑为您精选了经典书目和优质音视频内容，每天早、中、晚更新，满足您不间断的阅读需求。

【特别专题】【主题书单】【人物特写】等原创专栏，提供专业、深度的解读和选书参考，回应社会议题，是您了解湛庐近千位重要作者思想的独家渠道。

在每本图书的详情页，您将通过深度导读栏目【专家视点】【深度访谈】和【书评】读懂、读透一本好书。

通过这个不设限的学习平台，您在任何时间、任何地点都能获得有价值的思想，并通过阅读实现终身学习。我们邀您共建一个与最聪明的人共同进化的社区，使其成为先进思想交汇的聚集地，这正是我们的使命和价值所在。

北京市版权局著作权合同登记号　图字：01-2024-4231

图书在版编目（CIP）数据

影响力．情境篇 /（美）萨姆·萨默斯(Sam Sommers) 著；王非译．-- 北京：中国财政经济出版社，2025.1. -- ISBN 978-7-5223-3430-1

Ⅰ. H019-49

中国国家版本馆 CIP 数据核字第 2024VA9253 号

责任编辑：李昊民　　责任校对：张　凡
封面设计：张志浩　　责任印制：张　健

影响力·情境篇
YINGXIANGLI·QINGJINGPIAN

中国财政经济出版社　出版
URL：http://www.cfeph.cn
E-mail:cfeph@cfemg.cn
（版权所有 翻印必究）
社址：北京市海淀区阜成路甲 28 号　　邮政编码：100142
营销中心电话：010-88191522
天猫网店：中国财政经济出版社旗舰店
网址：https：//zgczjjcbs.tmall.com
天津中印联印务有限公司印装　　各地新华书店经销
成品尺寸：170mm×230mm　16 开　18.25 印张　260 000 字
2025 年 1 月第 1 版　2025 年 1 月天津第 1 次印刷
定价：89.90 元
ISBN 978-7-5223-3430-1
（图书出现印装问题，本社负责调换，电话：010-88190548）
本社图书质量投诉电话：010-88190744
打击盗版举报热线：010-88191661　QQ：2242791300